Ciekawe dlaczego

Księga zwierząt

Tytuł oryginału: I Wonder Why Encyclopedia

Autorzy: Rod Teodoru, Jackie Gaff, Andrew Charman, Amanda O'Neill, Anita Ganeri

Tłumaczenie: Janusz Ochab, Joanna Pokora, Marta Wagner

ISBN 978-83-7626-299-4

fk WYDAWNICTWO OLESIEJUK

Firma Księgarska Jacek Olesiejuk Sp. z o.o.
ul. Poznańska 91, 05-850 Ożarów Mazowiecki
wydawnictwo@olesiejuk.pl
Dystrybucja: www.olesiejuk.pl
Sprzedaż wysyłkowa: www.amazonka.pl

Przygotowanie do druku: MAGRAF
Druk: Perfekt S.A.

SPIS TREŚCI

O tym, jakie zwierzęta zamieszkiwały kiedyś Ziemię, dowiadujemy się z odnajdywanych i badanych skamielin. Dawne zwierzęta różniły się nieraz bardzo od tych, które dzisiaj żyją obok nas. Uczeni, którzy badają skamieniałe szczątki dawno wymarłych zwierząt, to paleontolodzy. Odkryli oni, że gatunki nieustannie się zmieniają i często pojawiają się nowe, a stare wymierają. Tak więc spróbujmy – z konieczności bardzo pobieżnie – zagłębić się w magiczny świat istot dawno już zaginionych w czasie.

ZWIERZĘTA PREHISTO- RYCZNE

ILE DINOZAURÓW ŻYŁO NA ŚWIECIE?

Na świecie żyło wiele różnych gatunków dinozaurów. Naukowcy nazwali do tej pory około 300, a wciąż są odkrywane nowe. Niektóre dinozaury były ogromne, inne maleńkie. Niektóre były groźnymi mięsożercami, inne łagodnymi wegetarianami, żywiącymi się wyłącznie roślinami.

Apatozaur (rośliny)

Spinozaur (mięso)

Iguanodon (rośliny)

Styrakozaur (rośliny)

Panoplozaur (rośliny)

Owiraptor (mięso)

Stygimoloch (rośliny)

🦕 Dinozaury były gadami. Obecnie do gadów należą jaszczurki, krokodyle, żółwie i węże.

🦕 Jak większość innych gadów, dinozaury żyły na lądzie i miały suchą, pokrytą łuskami skórę. Ich jaja miały miękką, podobną do skóry skorupę, niepodobną do twardej i kruchej skorupy jaj ptasich.

KIEDY ŻYŁY DINOZAURY?

Dinozaury żyły wiele, wiele milionów lat temu. Pierwsze dinozaury pojawiły się około 230 milionów lat temu, a ostatnie wymarły około 65 milionów lat temu. W porównaniu z tym ludzka historia jest zaledwie mgnieniem – jako gatunek istniejemy zaledwie od 2 milionów lat.

Kentrozaur (rośliny)

🦕 Dinozaury rządziły Ziemią aż przez 165 milionów lat!

CZY TYRANOZAUR MIAŁ WIELKĄ PASZCZĘ?

Tyranozaur był olbrzymim drapieżnikiem. Mierzył około 6 metrów wysokości, czyli trzy razy więcej niż niedźwiedź grizzly. Jego paszcza była ogromna – mógłby połknąć cię w całości!

🦖 Wielu ludzi przypuszcza, że podczas pościgu za swą ofiarą tyranozaur mógł biec z prędkością 50 kilometrów na godzinę!

🦖 Tak właśnie wyglądał w rzeczywistości ząb tyranozaura. Ostre krawędzie przecinały skórę i ciało ofiary.

CZY TYRANOZAUR BYŁ KRÓLEM DINOZAURÓW?

Prawdopodobnie wśród dinozaurów byli nawet więksi mięsożercy niż tyranozaur. Wysoki dinozaur po prawej nazywa się deinocheir. Możemy się tylko domyślać, jak wyglądał, bo do tej pory znaleziono jedynie jego ręce i szpony. Jednak ręce te są większe od dorosłego człowieka, więc deinocheir musiał być naprawdę ogromny!

Nazwa tyranozaur oznacza „jaszczur tyran", a tyran to okrutny król.

Trzy dinozaury po lewej były blisko spokrewnione z tyranozaurem, ale żaden z nich nie był tak duży.

Karnotaur   Dilofozaur   Ceratozaur

KTÓRY DINOZAUR ATAKOWAŁ NOŻEM SPRĘŻYNOWYM?

Deinonych był szybkim i groźnym zabójcą. Miał ostre zęby i mocne, zakończone szponami ręce, którymi chwytał i rozdzierał swe ofiary. Jego najgroźniejszą bronią był ukryty w stopie długi ostry szpon. Kiedy deinonych kopał, szpon wyskakiwał do przodu, jak ostrze noża sprężynowego.

🦖 Łacińska nazwa „Deinonychus" oznacza „straszliwy szpon"

🦖 Welociraptor był bardzo podobny do deinonycha. Jego nazwa oznacza „szybki złodziej".

🦖 Deinonych prawdopodobnie polował w stadzie, atakując dinozaury znacznie większe od niego. Niektóre zwierzęta, na przykład wilki, robią to do dzisiaj, ścigając swą ofiarę, aż ta się zmęczy i zwolni, by w końcu paść ich łupem.

DLACZEGO IGUANODON WYSTAWIAŁ KCIUKI DO GÓRY?

Iguanodon był ogromnym i łagodnym roślinożercą, lecz szpony wyrastające z jego kciuków były ostre jak sztylety. Używał ich jako tajnej broni, dźgając nimi napastników.

🐟 Barionyks omal nie został wmurowany w ścianę. Kości tego dinozaura znaleziono w dole, gdzie przygotowywano glinę do wyrobu cegieł.

KTÓRY DINOZAUR CHODZIŁ NA RYBY?

Barionyks miał nawet większe szpony niż deinonych, ale był o wiele za duży i za ciężki, by skakać na jednej nodze i używać ich jako broni. Prawdopodobnie jednak łowił za ich pomocą ryby w rzece, tak jak robią to teraz grizzly.

KTÓRY DINOZAUR BYŁ NAJWIĘKSZY?

Brachiozaur był olbrzymi. Gdyby żył dzisiaj, mógłby zaglądać na dach czteropiętrowego budynku. Był tak wielki, że człowiek musiałby wyciągnąć rękę wysoko do góry, by sięgnąć jego kolana. Naukowcy ciągle odkrywają szczątki jeszcze większych dinozaurów, ale szkielet brachiozaura został odnaleziony w całości.

Brachiozaur
12 metrów wysokości
22,5 metra długości
45 ton

🐾 Choć diplodok był jednym z najdłuższych dinozaurów, jego głowa była maleńka – niewiele większa od głowy współczesnego konia.

🐾 Oto jak wyglądałyby te trzy olbrzymie dinozaury w porównaniu z największym obecnie zwierzęciem lądowym – słoniem afrykańskim.

🦕 Długoszyje dinozaury były nazywane zauropodami. Dzięki swym długim szyjom mogły jeść liście ze szczytów drzew, których nie mogły dosięgnąć inne dinozaury.

🦕 Wielkie dinozaury, takie jak brachiozaur, mogły dożywać wieku 120 lat.

Diplodok
26 metrów długości
10 ton

KTÓRY DINOZAUR BYŁ NAJMNIEJSZY?

Kompsognat to najmniejszy dinozaur, jakiego szczątki znaleziono do tej pory – był niewiele większy od kury. Biegał na dwóch chudych nogach i żywił się małymi zwierzętami, takimi jak jaszczurki.

Apatozaur
21 metrów długości
30 ton

CZY DINOZAURY SKŁADAŁY JAJA?

Tak, dinozaury składały jaja, tak jak robią to współczesne gady. Matki składały je w gniazdach na ziemi. Jaja dinozaurów miały różne rozmiary i kształty – niektóre były niemal okrągłe, inne długie i wąskie.

🦖 Pierwsze dinozaurze jaja znaleziono w Mongolii, w latach dwudziestych ubiegłego wieku. Były to jaja protoceratopa.

🦖 Największe dinozaurze jajo, jakie znaleziono do tej pory, należało do długoszyjego dinozaura zwanego hypselozaurem. Jajo hypselozaura jest tylko pięć razy dłuższe od kurzego jaja.

Majazaura z dziećmi

14

Długoszyje dinozaury troszczyły się o swe potomstwo. Kiedy stado wędrowało, młode szły w środku, chronione przez swych olbrzymich rodziców.

Grupy dinozaurów majazaura gnieździły się w jednym miejscu, podobnie jak czynią to dzisiaj ptaki morskie.

KTÓRY DINOZAUR BYŁ DOBRĄ MATKĄ?

W 1978 roku naukowcy dokonali bardzo ciekawego odkrycia w amerykańskim stanie Montana. Znaleźli tam doskonale zachowane miejsce lęgowe dinozaurów, dinozaurze jaja, a nawet małe dinozaury. Dinozaury, które złożyły te jaja, nazwano „maiasaura", co znaczy „dobra jaszczurcza matka".

CZY DINOZAURY UMIAŁY PŁYWAĆ?

Dinozaury prawdopodobnie mogły przepłynąć rzekę, ale nie żyły w wodzie. W tamtych czasach w wodzie żyło wiele morskich gadów – niektóre z nich z wyglądu przypominały nawet dinozaury.

🐟 W czasach dinozaurów żyły olbrzymie żółwie. Archelon był dłuższy niż współczesna łódź wiosłowa.

Kronozaur

🐟 Kronozaur miał naprawdę wielką głowę. Jego czaszka była dwa razy większa niż czaszka tyranozaura.

🐟 Mozazaur był olbrzymią jaszczurką morską.

Mozazaur

🦎 Elasmozaur miał długą wężowatą szyję, podobną do szyi diplodoka i innych zauropodów. Prawdopodobnie pływał, trzymając szyję i maleńką głowę nad wodą, a opuszczał ją tylko wtedy, gdy chciał złapać przepływającą obok rybę.

Elasmozaur

🦎 Morskie gady nie potrafiły oddychać pod wodą, jak współczesne ryby. Musiały wypływać na powierzchnię, by zaczerpnąć powietrza, tak jak robią to delfiny i wieloryby.

🦎 Ichtiozaur był podobny do współczesnego delfina. Miał bardzo dobry wzrok i potrafił bardzo szybko pływać, dzięki czemu łapał dużo ryb.

Ichtiozaur

🦎 Pierwszym całym szkieletem wymarłego gada, jaki kiedykolwiek znaleziono, był szkielet ichtiozaura. Mary i Joseph Anningowie mieli 12 i 16 lat, kiedy w 1810 roku odkryli ów szkielet u podnóży nadmorskiego urwiska w Dorset, w południowej Anglii.

Teleozaur

🦎 W czasach dinozaurów żyły także morskie krokodyle. Długa paszcza teleozaura była wypełniona ostrymi zębami, które bez trudu chwytały śliskie ryby lub kałamarnice.

CZY DINOZAURY UMIAŁY LATAĆ?

W czasach dinozaurów żyło wiele latają-
cych gadów, ale żaden z nich nie był
dinozaurem. Latające gady są nazywane
pterozaurami. Niektóre z nich
były nie większe od jaskółki,
inne były ogromne.

🦖 Pteranodon
był większy
niż jakikolwiek
żyjący współcześnie
ptak. Ogromny
grzebień
prawdopodobnie
pomagał
mu sterować
podczas lotu.

🦖 Młode pterozaury
prawdopodobnie były
karmione w ten sam
sposób, w jaki dzisiaj
są karmione młode ptaki.

Pterozaur o nazwie kecalkoatl był największym latającym stworzeniem, jakie kiedykolwiek żyło na Ziemi. Był większy od współczesnej lotni.

Pterozaury przypominały raczej nietoperze niż ptaki. Nie miały piór. Większość z nich miała miękkie, puszyste ciała jak nietoperze i skrzydła pokryte skórą.

Dimorfodon

Głowa dimorfodona wyglądała jak głowa współczesnego maskonura. Jego dziób być może był jaskrawo ubarwiony, jak dziób maskonura.

Czubek dzioba Dsungaripterusa nadawał się zapewne doskonale do wydłubywania morskich ślimaków i małży ze skał.

Dsungaripterus

Pterodaustro prawdopodobnie używał swej szczeciniastej dolnej szczęki jak sita, przez które przesiewał drobne stworzenia żyjące w wodzie.

Pterodaustro

DLACZEGO TRICERATOPS MIAŁ ROGI?

Triceratops wyglądał bardzo groźnie, lecz w rzeczywistości był roślinożercą, który chętniej się pasł niż walczył. Miał trzy ostre rogi, którymi odstraszał głodnych mięsożerców – albo, jeśli to nie wystarczało, za ich pomocą bronił się przed nimi!

🦕 Istniało wiele różnych gatunków dinozaurów z rogami i grzebieniami na szyi.

🦕 Torozaur miał największą głowę spośród wszystkich zwierząt lądowych, jakie kiedykolwiek żyły na Ziemi. Łącznie z grzebieniem szyjnym, jego głowa była równie długa jak współczesny samochód!

Kentrozaur

Pachyrhinozaur

KTÓRY DINOZAUR MIAŁ OPANCERZONE CIAŁO?

Gruba szorstka skóra okrywająca ciało ankylozaura była porośnięta twardymi guzami i kolcami. Dzięki temu ankylozaur był opancerzony niczym czołg – i równie trudny do pokonania!

🦕 Zaatakowany ankylozaur kładł się na ziemi, by ukryć swój miękki brzuch. Mięsożercy mogli sobie wtedy połamać zęby na jego twardym pancerzu.

Chasmozaur

KTÓRY DINOZAUR MIAŁ KOLCE NA KOŃCU OGONA?

Stegozaur nie miał rogów – śmiercionośna broń znajdowała się na drugim końcu jego ciała. Długie ostre kolce na jego ogonie nie były jadowite, jak żądła pszczół, ale mogły zadawać bolesne rany.

🦖 Grzebień na grzbiecie stegozaura działał prawdopodobnie tak jak baterie słoneczne, to znaczy chłonął promienie słoneczne, dostarczając ciepła dinozaurowi.

🦖 Ankylozaur miał ogon zakończony szeroką buławą kostną. Jeśli mięsożerca myślał, że to głowa, czekała go przykra niespodzianka!

🦖 Ogon diplodoka pomagał mu zachować równowagę, kiedy dinozaur stawał na tylnych nogach, by dosięgnąć najwyższych gałęzi.

Tak jak ludzie chodzący po linie używają drążka, który pomaga im zachować równowagę, tak dwunogie dinozaury trzymały ogony wyprostowane, by utrzymać równowagę podczas biegu.

KTÓRY DINOZAUR UŻYWAŁ BICZA?

Długoszyje dinozaury były dość duże, by odstraszyć większość mięsożerców. Jeśli jednak dinozaur, taki jak diplodok, musiał bronić się przed napastnikiem, mógł uderzać swym długim ogonem jak biczem.

CZY DINOZAURY ŚPIEWAŁY?

Niektóre dinozaury kaczodziobe miały głowy przypominające instrumenty muzyczne! Ich rogi i grzebienie były puste w środku, jak piszczałki. Wielu naukowców uważa, że wydmuchując powietrze przez nos, dinozaury kaczodziobe mogły wydawać głośne dźwięki podobne do głosu syreny.

🦕 Naukowcy uważali kiedyś, że parazaurolof używał swego długiego grzebienia do oddychania pod wodą. Niestety, okazało się, że grzebień nie ma na górze otworów, przez które wpływałoby powietrze!

Lambeozaur

Hipakrozaur

🦕 Dinozaury kaczodziobe zostały tak nazwane ze względu na swe długie pyski, które zakończone były dziobem przypominającym dziób kaczki. Naukowa nazwa tej grupy to hadrozaury.

Korytozaur

KTÓRE DINOZAURY TRYKAŁY SIĘ GŁOWAMI?

Stegoceras miał tak mocną i grubą czaszkę, że prawdopodobnie walczył, uderzając w przeciwnika głową. Jego czaszka działała niczym kask, chroniąc miękki mózg ukryty w środku.

Parazaurolof

🐦 Niektórzy ludzie uważają, że anatozaur popisywał się, nadmuchując swe czoło jak balon.

CZY DINOZAURY LUBIŁY SIĘ POPISYWAĆ?

Wiele zwierząt lubi popisywać się przed innymi, szczególnie podczas zalotów. Prawdopodobnie robiły to także niektóre dinozaury. Być może dinozaury kaczodziobe wykorzystywały do tego jaskrawo ubarwione grzebienie.

CO JADŁY DINOZAURY?

Mięsożerne dinozaury nie musiały ograniczać swego menu tylko do innych dinozaurów. Mogły też jeść całe mnóstwo innych stworzeń – od owadów, jaszczurek i ptaków do małych, futerkowych ssaków przypominających szczury. Dinozaury roślinożerne jadły liście krzewów i drzew.

Roślinożerne dinozaury, takie jak psitakozaur, miały nie tylko zęby do żucia, ale i ostre dzioby do przegryzania twardych łodyg.

KTÓRE DINOZAURY MIAŁY SETKI ZĘBÓW?

Dinozaury kaczodziobe miały mnóstwo maleńkich zębów ułożonych ciasno w rzędach. Kiedy zaciskały szczęki, ich zęby działały niczym tarka do warzyw.

DLACZEGO DINOZAURY JADŁY KAMIENIE?

Niektóre dinozaury połykały małe kamienie, które leżały w ich żołądkach niczym szklane kulki w torebce. Te kamienie spełniały podobną funkcję jak zęby, rozgniatając na miazgę twarde rośliny.

🦖 Skamieniałe dinozaurze odchody, w których zachowały się kawałki jedzenia, pozwalają naukowcom określić, co jadły dinozaury.

KTÓRY DINOZAUR LUBIŁ JAJKA NA ŚNIADANIE?

Owiraptor miał mocny dziób zamiast zębów i dwa ostre kolce na podniebieniu. Być może używał tych kolców do przebijania jaj innych dinozaurów, których zawartość potem wysysał.

🦖 Owiraptor znaczy „złodziej jaj".

27

SKĄD WIEMY, JAK WYGLĄDAŁY DINOZAURY?

Ponieważ nikt nie widział nigdy żywego dinozaura, praca naukowców przypomina nieco pracę detektywa. Najważniejszych informacji dostarczają skamieliny, z których można zbudować szkielet. Skamieliny to skamieniałe pozostałości roślin i zwierząt, które umarły bardzo dawno temu.

🦕 Składanie skamieniałych kości przypomina nieco układanie puzzli, łatwo więc o pomyłkę. Kiedy naukowcy odkryli pierwsze skamieliny iguanodona, myśleli, że kolczasty kciuk rósł na jego nosie!

JAK POWSTAJĄ SKAMIELINY

1. Martwy dinozaur został przykryty warstwą piasku lub mułu.

2. Miękkie części jego ciała gniły, pozostawały tylko twarde części, takie jak kości.

🦕 Odtworzywszy cały szkielet, naukowcy rekonstruują wielkość i położenie utrzymujących je mięśni.

🦕 Potem odtwarzają wygląd dinozaura pokrytego skórą.

🦕 Naukowcy mogą określić wagę dinozaura i prędkość, z jaką się poruszał, mierząc głębokość jego śladów i odległość między nimi.

JAKIEGO KOLORU BYŁY DINOZAURY?

Nikt nie wie, jakiego koloru były dinozaury. Mamy skamieniałe pozostałości ich skóry, ale wiemy tylko tyle, że była pokryta łuską.

3. W ciągu milionów lat szczątki te zamieniały się w kamień.

KTO ZNAJDUJE SKAMIELINY DINOZAURÓW?

Skamieniałe kości dinozaurów ukryte są zazwyczaj w skałach, trzeba je więc umiejętnie wydobyć. Wielu ludzi znajduje je czasami przez przypadek, częściej jednak odnajdywane są przez naukowców, którzy szukają ich w różnych miejscach. Nie jest to takie trudne, jak się wydaje, bo skamieliny mogą być ukryte tylko w niektórych rodzajach skał.

🦖 Jednym z pierwszych zadań jest sporządzenie mapy obszaru wykopalisk. Potem zaznacza się na niej miejsca, w których znaleziono poszczególne kości.

🦖 Skamieliny ukryte są zazwyczaj w piaskowcu, glinie, wapieniu lub łupkach.

🦖 Odkopanie całego szkieletu może trwać wiele tygodni, miesięcy, a nawet lat.

🦖 Czasami dinozaury są nazywane od nazwiska osoby, która je znalazła.

🦖 Zdjęcia pokazują, gdzie dokładnie leżał każdy kawałek kości. To może pomóc naukowcom, którzy potem będą składać cały szkielet.

🦕 Czasami znaleziska trzeba przewieźć ciężarówką po nierównych, wyboistych drogach.

🦕 Okrycie skamielin grubą warstwą gipsu pozwala uchronić je przed zniszczeniem podczas transportu. To taki sam zabieg, jak włożenie w gips złamanej nogi.

🦕 Skamieliny dinozaurów często znajdowane są w odludnych miejscach, z dala od jakiejkolwiek osady czy drogi. Naukowcy muszą wtedy mieszkać w namiotach lub przyczepach kempingowych.

GDZIE LEŻĄ KOŚCI DINOZAURÓW?

Dinozaury żyły na całym świecie. Ich skamieliny znajdowano w tak odległych od siebie miejscach, jak USA i Chiny, Anglia i Australia – a nawet Antarktyda!

CO SIĘ STAŁO
Z DINOZAURAMI?

Coś bardzo dziwnego wydarzyło się 65 milionów lat temu. Zniknęły wszystkie dinozaury, a także wszystkie latające gady i większość gadów morskich. Nikt tak do końca nie wie, co się z nimi stało.

🦖 Wielu naukowców uważa, że w Ziemię uderzyły ogromne skały z kosmosu, wzbijając przy tym wielkie obłoki kurzu, które przesłoniły słońce. Zmiana pogody wywołana tym kataklizmem zabiła większość roślin. Najpierw umarły z zimna i głodu dinozaury roślinożerne, a potem mięsożerne.

🦖 Być może dinozaury zatruły się nowymi gatunkami roślin.

🦖 Niektórzy ludzie wierzą, że gady morskie, takie jak elasmozaur, nie wymarły, i że ich potomkowie nadal żyją w wielkich jeziorach, takich jak szkockie Loch Ness!

🦖 Archeopteryks wyglądał jak dinozaur z piórami, ale nie był dinozaurem. Żył 140 milionów lat temu i jest najstarszym ptakiem, jakiego znamy. Był to jednak bardzo dziwny ptak, bo miał ogon, szponiaste palce i zęby, jak dinozaur.

CZY DZIŚ ŻYJĄ JESZCZE JAKIEŚ DINOZAURY?

Choć dziś nie ma już żadnych dinozaurów, na Ziemi żyją ich krewni. Naukowcy uważają, że ptaki wyewoluowały z dinozaurów, bo ich szkielety są bardzo podobne. Kiedy więc zobaczycie jakiegoś ptaka, przyjrzyjcie mu się uważnie!

CZYM JEST PREHISTORIA?

Prehistorią nazywamy czasy, w których ludzie nie zapisywali jeszcze tego, co działo się z nimi i z otaczającym ich światem. To historia ludzkości do wynalezienia pisma, czyli to, co wydarzyło się około 5500 lat temu.

❧ Pierwsze prawdziwe pismo wynaleźli Sumerowie, lud zamieszkujący obszar, który dziś nazywamy Bliskim Wschodem.

mln
mld

❧ Skrót mln oznacza milion, a mld – miliard.

❧ Ziemia powstała około 4, 6 mld lat temu z obłoku pyłu i gazu krążącego wokół Słońca.

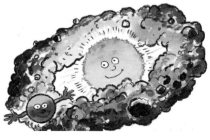

👀 Nim pod koniec XVIII wieku rozpoczęły się naukowe badania skamielin, wielu ludzi uważało, że skamieliny to prawdziwe zwierzęta, które zostały zamienione w kamień przez gorące promienie słoneczne.

SKĄD WIEMY TAK WIELE O WYMARŁYCH STWORZENIACH?

Ludzie, którzy badają bardzo odległą przeszłość, pracują jak detektywi, powoli gromadząc informacje i wskazówki ze skamielin – kamiennych pozostałości zwierząt i roślin, które umarły wiele milionów lat temu.

👀 Większość skamielin powstała po tym, jak martwa roślina lub zwierzę zostały przykryte warstwą piasku lub mułu.

👀 W ciągu wielu milionów lat piasek i muł stwardniały i zamieniły się w skałę, przechowując skamieniałe rośliny i zwierzęta.

KIEDY ZACZĘŁO SIĘ ŻYCIE NA ZIEMI?

Na początku Ziemia była ogromną kulą rozpalonej, gotującej się skały. Minęły miliony lat, nim jej powierzchnia ostygła na tyle, by mogło się na niej rozwinąć życie. Pierwsze żywe istoty pojawiły się być może około 4 mld lat temu, naukowcy jednak nie znaleźli żadnych skamielin, które by to potwierdzały. Najstarsze znane skamieliny należą do maleńkiej bakterii, która żyła w oceanach około 3,5 mld lat temu.

👁 Pierwsze wielokomórkowe stworzenia wyglądały jak robaki, meduzy lub zawilce. Ich ciała, pozbawione kości, były miękkie i gąbczaste.

Pikaia

Aysheaia

👁 W niektórych miejscach bakterie zbierały się w większe skupiska, tworząc miękkie maty, które z kolei zbijały się w kopce zwane stromatolitami. Po pewnym czasie stromatolity zamieniły się w skamieliny.

Stromatolity

CZYM JEST EWOLUCJA?

Ewolucja to proces stopniowej przemiany jednej żywej istoty w inną. Odbywa się to bardzo, bardzo powoli. Pierwsze bakterie były maleńkimi pojedynczymi komórkami. Trzeba było ponad 2,5 mld lat, by powstały z nich większe stworzenia o ciałach złożonych z wielu komórek.

Eldonia eumorpha

Hallucigenia

🐟 Dickinsonia była tej samej wielkości, co kółko do pływania – miała 60 cm szerokości.

CZYM JEST WYMARCIE?

Nie wszystkie zwierzęta ewoluują. Czasami jakiś rodzaj zwierząt lub roślin umiera i całkowicie znika z powierzchni Ziemi. Nazywamy to wymarciem.

🐟 Trylobity rozwinęły się co najmniej 600 mln lat temu, a wymarły około 240 mln lat temu. Były jednymi z pierwszych zwierząt, które miały oczy i których ciała chronił twardy szkielet zewnętrzny.

Trylobit

KIEDY W OCEANACH POJAWIŁY SIĘ RYBY?

Ryby, które ukształtowały się około 500 mln lat temu, były pierwszymi zwierzętami z prawdziwym kręgosłupem. Nie miały jednak szczęk ani płetw i wyglądały raczej jak współczesne kijanki.

Climatius

🐟 Pozbawione szczęk koniecznych do gryzienia i żucia, pierwsze ryby, takie jak *Arandaspis*, wsysały niczym odkurzacz maleńkie stworzenia leżące na dnie morza.

Cladoselache

Cheirolepis

🐟 *Dunkleosteus* miał aż sześć metrów długości, nie był jednak rekinem. Ten przerażający potwór należał do grupy ryb opancerzonych, a to ze względu na płyty kostne chroniące jego głowę przed zębami napastnika.

Dunkleosteus

CZY W CZASACH PREHISTORYCZNYCH ŻYŁY REKINY?

Z pewnością tak – rekiny pływały w morzach już 400 mln lat temu. Należały do jednych z pierwszych kręgowców, u których rozwinęły się szczęki i twarde zęby. Były równie groźne i przerażające, jak współczesne rekiny!

👁 Nie chciałbyś pływać w pobliżu *Stethacanthusa*. Górna część jego dziwacznej płetwy w kształcie litery T pokryta była ostrymi kolcami, podobnie jak jego głowa.

CZYM BYŁY SKORPIONY MORSKIE?

Skorpiony morskie były groźnymi drapieżnikami o ostrych, kolczastych szczypcach, którymi łapały swe ofiary. Żyły w tym samym czasie co pierwsze rekiny i miały około dwóch metrów długości. Nie miały kręgosłupa, ale ich ciała były pokryte twardym szkieletem zewnętrznym.

Pterygotus

KIEDY ROŚLINY ROZPRZESTRZENIŁY SIĘ NA LĄDZIE?

Rośliny pojawiły się na suchym lądzie wcześniej niż zwierzęta, a najstarsze znane skamieliny rośliny lądowej liczą około 420 milionów lat. Naukowcy nazwali tę roślinę cooksonia. Była ona bardzo mała, niewiele większa od twojego małego palca.

🐟 *Cooksonia miała łodygę, nie miała jednak liści, kwiatów ani prawdziwych korzeni.*

DLACZEGO ROŚLINY PREHISTORYCZNE BYŁY WAŻNE?

Pojawienie się roślin lądowych oznaczało, że na lądzie jest dość pożywienia także dla zwierząt. Wśród pierwszych stworzeń, które jadły rośliny lądowe, były maleńkie roztocza i owady, takie jak skoczogonki.

Protocarus

Krocionóg

🐟 Wszystkie zwierzęta potrzebują do życia tlenu. Ponieważ rośliny wykorzystują energię słoneczną do zamiany dwutlenku węgla w tlen, to właśnie dzięki nim podniósł się poziom tlenu w powietrzu.

DLACZEGO RYBY WYSUWAŁY GŁOWĘ NAD WODĘ?

Większość ryb czerpie tlen z wody poprzez skrzela. Kiedy jednak pojawiły się rośliny lądowe, wydarzyło się coś dziwnego – u niektórych rodzajów ryb rozwinęły się płuca, konieczne do oddychania powietrzem. Naukowcy nazwali te stworzenia rybami dwudysznymi i uznali, że powstały one dlatego, iż w zamieszkiwanych przez nie płytkich rzekach i jeziorach było za mało tlenu.

Mascaraneus

Klimat na Ziemi znacznie się ocieplił, kiedy rozwinęły się ryby dwudyszne. Woda parowała i zamieniała się w gaz, co sprawiało, że rzeki i jeziora stawały się coraz płytsze i brakowało w nich tlenu.

Eustenopteron

DLACZEGO RYBOM WYROSŁY NOGI?

Niektórym rybom wyrosły nie tylko płuca – ich płetwy zamieniły się w nogi, a same ryby stały się zwierzętami lądowymi! Pierwsze czteronożne zwierzęta, akantostega i ichtiostega, pojawiły się na Ziemi około 370 mln lat temu. Większość czasu spędzały w wodzie, mogły jednak także wychodzić na ląd.

Akantostega i Ichtiostega były przodkami płazów – zwierząt, które mogą żyć na lądzie, ale które składają jaja w wodzie.

Ichtiostega

Akantostega

Diplocaulus był płazem o przedziwnej głowie w kształcie bumerangu. Żył głównie pod wodą, gdzie jego głowa pełniła tę samą funkcję, co hydroplat okrętu podwodnego.

SKĄD WZIĄŁ SIĘ WĘGIEL?

Węgiel, który dzisiaj spalamy, powstał z pozostałości po prehistorycznych lasach, pokrywających ląd w okresie od 355 do 290 mln lat temu. Okres ten nazywany jest karbonem.

🐟 Gigantyczne rośliny zwane widłakami górowały nad ciepłymi torfiastymi bagnami w karbonie. Niektóre osiągały wysokość 40 m – tyle co piętnastopiętrowy wieżowiec!

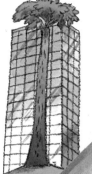

Meganeura

Protarthrolycosa

Palaeopodiulus

KTÓRY OWAD BYŁ TAK DUŻY JAK PTAK?

Meganeura była ogromną ważką, która żyła w bujnych lasach karbonu. Jej skrzydła osiągały rozpiętość 75 cm.

🐟 Owady takie jak ważki były pierwszymi latającymi zwierzętami.

KIEDY POJAWIŁY SIĘ GADY?

Gady były nową grupą zwierząt, która rozwinęła się z płazów pod koniec karbonu. Gady takie jak *Hylonomus* były pierwszymi czworonożnymi zwierzętami, które żyły w suchych miejscach.

Hylonomus

🐾 Gady mają suchą łuskowatą skórę, a ich jaja nie wysychają, bo chroni je twarda skorupa.

🐾 Jaja płazów nie mają skorupy, muszą więc być składane w wodzie, by nie wyschły.

KTÓRE ZWIERZĘTA MIAŁY WŁASNE ŻAGLE?

Zwierzęta zwane pelikozaurami, do których należał np. dimetrodon, miały na grzbiecie szerokie grzebienie przypominające żagiel. Grzebień ten działał prawdopodobnie tak jak bateria słoneczna, czyli chłonął ciepło słońca.

Dimetrodon

👁 Pelikozaury były gadami, a gady uwielbiają wygrzewać się w słońcu. Uwielbiają słońce, bo są zwierzętami zimnokrwistymi – ich krew jest ciepła tylko wtedy, kiedy rozgrzeje ją słońce.

Cynognat

KIEDY ZWIERZĘTA ZACZĘŁY PORASTAĆ SIERŚCIĄ?

Sierść pomaga zwierzętom utrzymać ciepło, większość ciepłokrwistych zwierząt ma więc sierść lub futro. Naukowcy uważają, że pierwszymi ciepłokrwistymi zwierzętami porośniętymi sierścią były gady zwane cynodontami, które powstały około 250 mln lat temu.

CZYM BYŁY GADY NACZELNE?

Gady naczelne były przodkami dinozaurów. Pierwsze gady musiały chodzić na czterech nogach, ale 240 mln lat temu gady naczelne, takie jak euparkeria, potrafiły biegać na dwóch nogach – szczególnie, gdy ścigały jakiś smakowity posiłek!

🐟 Jednym ze sposobów, w jaki naukowcy dowiadują się, co jadły dinozaury, jest badanie skamieniałych odchodów dinozaurów – dobrze, że skamieliny nie pachną!

Euparkeria

Driozaur

Stegozaur

Kamptozaur

Kompsognat

🐟 Do tej pory odnaleziono i nazwano skamieliny ponad 800 gatunków dinozaurów, ale naukowcy przypuszczają, że mogło ich być nawet dwukrotnie więcej.

JAK DŁUGO DINOZAURY RZĄDZIŁY ZIEMIĄ?

Najstarsze znane nam dinozaury pojawiły się około 230 mln lat temu, a ostatnie wymarły około 65 mln lat temu. Oznacza to, że dinozaury były na Ziemi przez 165 milionów lat!

👁 Brachiozaury były dość wysokie, by sięgnąć szczytów najwyższych drzew.

Brachiozaur

👁 Przez 165 milionów lat obecności dinozaurów na Ziemi powstały wśród nich najróżniejsze gatunki, od mięsożernego, niewiele większego od indora, compsognatusa do gigantycznego roślinożernego brachiozaura.

Allozaur

CZY DINOZAURY RZĄDZIŁY NIEBEM?

Dinozaury nie miały skrzydeł, dzięki którym mogłyby latać. W czasach dinozaurów niebem rządziły inne gady, zwane pterozaurami. Pterozaury mogły mieć różne rozmiary i kształty, ale wszystkie miały skrzydła. Kecalkoatl był największy spośród nich – przy rozpiętości skrzydeł 12 m musiał wyglądać jak mały samolot!

Pterodaustro prawdopodobnie używał swych mocnych, długich zębów jak sita, by wydobywać z wody maleńkie morskie stworzenia.

Kecalkoatl

Rhamphorhynchus

Naukowcy znaleźli skamieliny dowodzące, że niektóre pterozaury miały ciała pokryte futrem, podobnie jak współczesne nietoperze.

Peloneustes

Podobnie jak gady lądowe, gady morskie oddychały powietrzem. Większość z nich musiała wrócić na ląd, by złożyć jaja.

Elasmozaur

Pterodaktyl

🔍 Skrzydła pterozaura były ogromnymi płatami skóry rozpiętymi między długimi palcami każdej dłoni.

CZY DINOZAURY RZĄDZIŁY MORZAMI?

Dinozaury były zwierzętami lądowymi, a w czasach dinozaurów morzami rządziły inne gady. Niektóre z tych gadów morskich wyglądały jednak jak dinozaury – elasmozaur miał bardzo długą szyję, jak brachiozaur.

Pterodaustro

🔍 Przy ponad 15 metrach długości od nosa do ogona, liopleurodon był długi jak autobus!

Ichtiozaur

Liopleurodon

🔍 Ichtiozaury nigdy nie musiały wypełzać na suchy ląd. Zamiast składać jaja, rodziły małe ichtiozaury pod wodą.

SKĄD SIĘ WZIĘŁY PTAKI?

Dinozaury nie umiały co prawda latać, ale naukowcy uważają, że ptaki rozwinęły się właśnie z dinozaurów, a nie pterozaurów. Najstarszym ze znanych nam upierzonych lotników był archeopteryks. Archeopteryks żył około 145 mln lat temu, a naukowcy uważają, że był to praptak – w połowie dinozaur, a w połowie ptak.

Archeopteryks

🐟 Kaudipteryks był innym upierzonym praptakiem, ale nie umiał latać – jego skrzydła były zbyt małe.

🐟 Kaczodziobe dinozaury były łagodnymi roślinożercami, które pojawiły się po tym, jak na Ziemi zaczęły rosnąć kwitnące rośliny.

KIEDY ZAKWITŁY PIERWSZE KWIATY?

Edmontozaur

Kwitnące rośliny pojawiły się dopiero około 140 mln lat temu, więc tylko późniejsze gatunki dinozaurów mogły je zobaczyć i powąchać. Wśród najstarszych kwitnących drzew znajdują się magnolie i figi.

Badacze skamielin znaleźli fragmenty mięsożernego dinozaura większego od tyranozaura. Nazwali go „gigantosaurus", co oznacza „olbrzymi południowy jaszczur".

Tyranozaur

DLACZEGO TYRANOZAUR BYŁ KRÓLEM DINOZAURÓW?

Wyobraź sobie olbrzyma o zębach tak długich jak twoje ręce i paszczy tak wielkiej, by mogła cię połknąć w całości – tak właśnie wyglądał tyranozaur. Tyranozaur był jednym z największych zwierząt mięsożernych, jakie kiedykolwiek żyły na Ziemi i dlatego nazywany jest królem dinozaurów.

Tyranozaur był jednym z ostatnich dinozaurów, pojawił się około 70 mln lat temu. Jego nazwa oznacza „jaszczura tyrana" (tyran to okrutny władca).

CZY W CZASACH DINOZAURÓW ŻYŁY TEŻ SSAKI?

Pierwsze ssaki prawdopodobnie rozwinęły się z cynodontów około 220 mln lat temu, a więc kilka milionów lat przed tym, jak pojawiły się pierwsze dinozaury. Pierwsze ssaki były owłosionymi owadożercami, niewiele większymi od współczesnej myszy.

👁 Megazostrodon zmieściłby się na twojej dłoni – od czubka nosa do końca ogona mierzył zaledwie 12 cm.

Megazostrodon

Kamptobaator

Taeniolabis

Ptilodus

👁 Jedną z najważniejszych cech ssaków jest fakt, że w ciałach matek wytwarza się mleko, którym karmią one młode. **Zalambdalestes**

KTÓRE DZIECI ŻYŁY W KIESZENI SWOJEJ MATKI?

Pierwsze ssaki składały jaja, podobnie jak ich przodkowie – gady. Z czasem jednak inne ssaki ewoluowały i zaczęły rodzić swe dzieci, a nie wysiadywać jaja. Pierwsze torbacze pojawiły się 100 mln lat temu. Torbacze to ssaki, których młode rosną w podobnej do kieszeni torbie na brzuchu matki.

Deltatheridium

Nowo narodzone torbacze są nie większe od żelka! Żyją w torbie matki, dopóki nie dorosną na tyle, by znaleźć sobie jedzenie na zewnątrz.

SKĄD WIEMY, ŻE DINOZAURY WYMARŁY?

Badacze skamielin nie znaleźli niczego, co dowodziłoby, że jakikolwiek dinozaur żył później niż 65 mln lat temu – żadnych skamieniałych kości dinozaurów, żadnych śladów, niczego. Wszystkie dinozaury zniknęły 65 mln lat temu, wraz ze wszystkimi pterozaurami i większością gadów morskich.

Ponad połowa wszystkich gatunków zwierząt, jakie żyły na Ziemi, wymarła 65 mln lat temu. Prawdopodobnie nie przetrwało wtedy żadne duże zwierzę.

Naukowcy nie znaleźli skamielin dinozaurów w skałach, które powstałyby później niż 65 mln lat temu.

Nie możemy być pewni, że to meteoryt z kosmosu zmienił klimat na Ziemi i spowodował wymarcie dinozaurów. Niektórzy naukowcy uważają, że to wybuchające wulkany wysłały w powietrze chmury kurzu, które zablokowały światło słoneczne.

CO ZABIŁO DINOZAURY?

Wielu naukowców uważa, że dinozaury zniknęły po tym, jak 65 mln lat temu w Ziemię uderzył meteoryt wielkości miasta. Siła uderzenia była większa niż eksplozja dziesiątków tysięcy bomb. Powstały ogromne fale, które zalały ląd. Olbrzymie chmury pyłu pokryły niebo, blokując dostęp do Słońca i pogrążając Ziemię w ciemnościach.

Nikt nie wie do końca, dlaczego niektóre zwierzęta przeżyły, a inne nie. Być może stało się tak dlatego, że te najmniejsze mogły skryć się w norach.

Rośliny nie mogą rosnąć bez światła słonecznego, więc najpierw umarły z głodu i zimna duże zwierzęta roślinożerne, a potem duzi mięsożercy.

Niektórzy ludzie uważali niegdyś, że dinozaury wyginęły, bo ssaki zjadły wszystkie ich jajka!

KTÓRE ZWIERZĘTA PRZEJĘŁY WŁADZĘ PO DINOZAURACH?

Kiedy nie było już wielkich mięsożernych dinozaurów, ssaki zaczęły szybciej ewoluować, bo przestały padać ofiarą polowań. Większość nowych ssaków pozostała na ziemi, niektóre jednak wzbiły się w powietrze, a inne wróciły do wody.

Icaronycteris

☙ Nietoperze to latające ssaki. Jednym z najstarszych znanych nam nietoperzy był *Icaronycteris*, który pojawił się około 54 mln lat temu.

Smilodectes

Uintatherium

Hoplophoneus

Stylinodon

☙ Wieloryby to ssaki wodne, które pojawiły się mniej więcej w tym samym czasie, co nietoperze. Najstarszy znany nam wieloryb, *Pakicetus*, przypominał raczej wydrę niż współczesnego wieloryba.

☙ *Anancus* z trudem utrzymywał głowę. Kły tego słonia były niemal tak długie, jak reszta jego ciała.

Pakicetus

KIEDY SŁONIE BYŁY TAK MAŁE JAK ŚWINIE?

Moeritherium

Słonie przechodziły przez różne dziwne i cudowne etapy rozwoju, nim stały się zwierzętami, które znamy dzisiaj. *Moeritherium*, które pojawiło się około 4 mln lat temu, było jednym z pierwszych słoni – a miało tylko 60 cm wysokości!

🐟 Kiedy 50 mln lat temu na świecie pojawiły się konie, także były maleńkie. *Hyracotherium* miał palce zamiast kopyt i nie był większy od kota – miał 20 cm wysokości.

Indricotherium

Brontotherium

Protocerus

Hoplophoenus

KTÓRE KOTY MIAŁY ZĘBY WIELKOŚCI SZTYLETÓW?

Tygrysy szablastozębne zostały tak nazwane ze względu na swe ogromne kły. Kły te były używane jednak do zabijania ofiar, a nie do rozdrabniania pokarmu!

KIM BYŁA LUCY?

Około 4,5 mln lat temu na świecie pojawiły się nowe ssaki – pierwsze istoty człekokształtne. Mają one naukowe nazwy, takie jak australopitek, co oznacza „małpę człekokształtną z południa". Nazwy te są jednak długie i skomplikowane, łatwiej więc używać zwykłych imion, takich jak Lucy.

Skamieniały szkielet Lucy został znaleziony w Afryce w 1974 roku. Nazwano go tak ze względu na piosenkę zespołu The Beatles „Lucy in the Sky", której słuchał w chwili odkrycia naukowiec.

Australopitek

Homo habilis

KIEDY LUDZIE STALI SIĘ ZRĘCZNI?

Homo habilis oznacza „człowieka zręcznego" – tak właśnie nazwano naszych ludzkich przodków, którzy prawdopodobnie jako pierwsi używali narzędzi. Żyli około 2 mln lat temu, a ich narzędziami były kawałki kamieni.

KIM BYLI LUDZIE ROZUMNI?

Współcześni ludzie są inteligentni, stąd łacińska nazwa *Homo sapiens*, co znaczy „człowiek rozumny". Nasi najbliżsi przodkowie, pierwsi homo sapiens, żyli w Afryce niemal 200 000 lat temu.

Homo sapiens

🐟 Homo sapiens byli pierwszymi Australijczykami. Przypłynęli tam z Azji Południowo-Wschodniej ponad 50 000 lat temu.

KIM BYLI PIERWSI PODRÓŻNICY?

Choć pierwsze istoty ludzkie pojawiły się w Afryce, pierwszymi przedsiębiorczymi ludźmi byli homo erectus, którzy pojawili się około 1,9 mln lat temu. To właśnie oni jako pierwsi wyruszyli z Afryki na północ, by zająć Azję i Europę.

🐟 Homo erectus znaczy „człowiek wyprostowany".

Homo erectus

CZYM BYŁY EPOKI LODOWCOWE?

Epoki lodowcowe były długimi okresami w historii Ziemi, kiedy robiło się tak zimno, że śnieg i lód rozciągał się od bieguna północnego przez ogromne obszary Europy, Azji i Afryki Północnej. Epoki lodowcowe rozpoczęły się około 2 mln lat temu, a ostatnia dobiegła końca, gdy klimat na Ziemi zaczął się ocieplać około 12 000 lat temu.

Mamuty żyły na mroźnej Północy, miały bowiem grubą sierść, która zapewniała im ciepło. Po ostatniej epoce lodowcowej klimat zrobił się dla nich zbyt gorący i dlatego wymarły.

CZY LUDZIE EPOK LODOWCOWYCH MIESZKALI W JASKINIACH?

Owszem, jeśli udało im się znaleźć jakąś jaskinię, budowali jednak także szałasy z gałęzi lub z kości mamuta, które okrywali potem zwierzęcą skórą.

ℂ Pierwszymi roślinami uprawnymi były pszenica i żyto, a pierwszymi zwierzętami hodowlanymi – kozy i owce.

KIM BYLI PIERWSI ROLNICY?

Rolnictwo rozpoczęło się około 10 000 lat temu, kiedy ludzie na Bliskim Wschodzie zaczęli przechowywać nasiona dzikich roślin i siać je jako własne zboża. Dzięki uprawie własnego jedzenia mogli przebywać w tym samym miejscu przez cały rok. Zaczęli budować wioski, które potem zamieniły się w miasteczka i miasta. Prehistoria dobiegała końca, a wraz z wynalezieniem pisma rozpoczęła się ludzka historia.

ℂ Niektóre spośród pierwszych znanych nam chat zostały zbudowane około 400 000 lat temu przez homo erectusa, w miejscu zwanym Terra Amata na południowym wybrzeżu Francji.

Należące do różnych gatunków rośliny wraz ze zwierzętami – ptactwem ukrytym w gałęziach drzew, owadami i robakami drążącymi ziemię są formami różnymi, a jednocześnie bardzo zależnymi od siebie, które tworzą urzekający świat. Powstał on na skutek działania praw wciąż jeszcze zmieniających naszą planetę – praw opisanych przez Karola Darwina i znanych jako teoria ewolucji. Poznajmy choć maleńki jego skrawek.

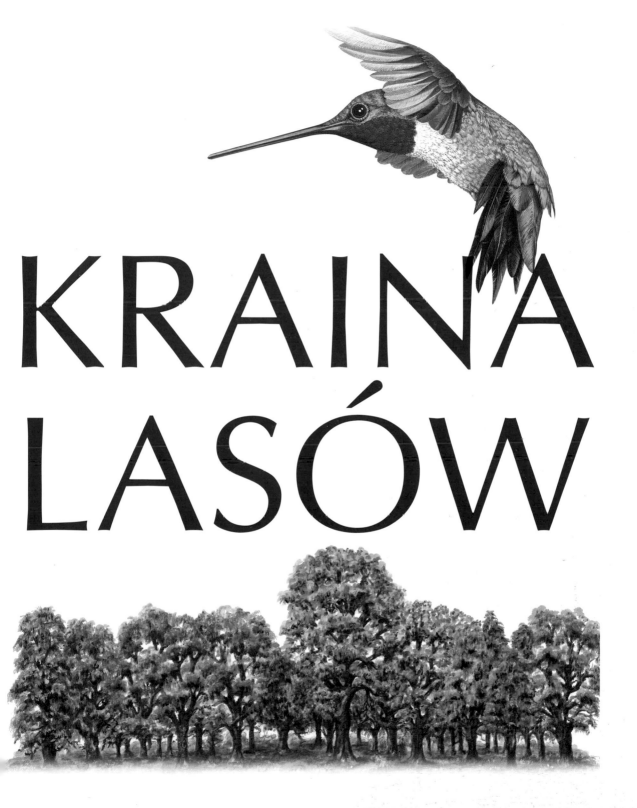

KRAINA
LASÓW

CZYM JEST ROŚLINA?

Rośliny to żywe istoty. Występują w różnych rozmiarach i kształtach, od maleńkich roślin wodnych po potężne drzewa. Rośliny różnią się od zwierząt jedną bardzo ważną cechą – same wytwarzają potrzebny im pokarm, wykorzystując światło słoneczne. Zwierzęta tego nie potrafią. Muszą jeść rośliny lub inne zwierzęta.

GDZIE ROSNĄ ROŚLINY?

Na Ziemi jest około 380 000 różnych gatunków roślin, które rosną prawie wszędzie – w lasach i na polach, na pustyniach i w górach. Oprócz powietrza rośliny potrzebują do życia wody i słońca, nie rosną więc w miejscach całkiem suchych lub całkiem ciemnych.

🍃 Wszystkie pokarmy na świecie mają początek w roślinach. Możemy jeść jajka, mięso i ser, ale bez roślin nie byłoby kur ani krów, dzięki którym mamy to jedzenie!

CZY ROŚLINY NAPRAWDĘ ŻYJĄ?

Rośliny są równie żywe jak ty. Potrzebują do wzrostu powietrza, jedzenia i wody, mogą też tworzyć wiele nowych podobnych roślin. To dowodzi, że są żywe. Przedmioty i twory takie jak kamienie i skały nie jedzą, nie rosną ani nie mają młodych, bo nie są żywe.

🍃 Koralowce i ukwiały wyglądają jak rośliny, ale to tylko pozory. W rzeczywistości są zwierzętami!

DLACZEGO DRZEWA MAJĄ LIŚCIE?

Jak wszystkie rośliny,
drzewa potrzebują liści do życia.
Liście są fabryką produkującą pokarm
dla drzewa. Zawierają lepką zieloną
substancję nazywaną chlorofilem. Chlorofil
wykorzystuje wodę, światło słoneczne
i dwutlenek węgla zawarty w powietrzu do
wytwarzania cukru. Potem wędruje on do
wszystkich części drzewa w słodkim, lepkim
soku.

Jeśli kiedykolwiek żuliście źdźbło trawy, wiecie, jak słodki jest
sok krążący w roślinie. Młode, głodne gąsienice też to wiedzą. Dlatego
jedzą liście!

DLACZEGO NIEKTÓRE DRZEWA ZRZUCAJĄ LIŚCIE JESIENIĄ?

Duże zielone liście są przydatne wiosną i latem.
Wytwarzają pokarm, kiedy świeci słońce, a dni są
długie. Kiedy dni robią się krótsze, brakuje czasu
na produkcję jedzenia, a drzewo musi żywić się
zapasami. By nie karmić także swych liści,
niektóre drzewa jesienią je zrzucają.

🍂 Proces, podczas którego rośliny wytwarzają pokarm w swoich liściach, nazywamy fotosyntezą. W czasie fotosyntezy rośliny pobierają dwutlenek węgla z powietrza, a produkują tlen – gaz, którego wszyscy potrzebujemy do życia.

🍃 Tylko rośliny liściaste zrzucają liście przed zimą. Rośliny wiecznie zielone mają twarde liście, zwane igłami, które mogą przetrwać zimę. Takie rośliny także co jakiś czas zrzucają swe liście, ale nie wszystkie jednocześnie.

DLACZEGO LIŚCIE ZMIENIAJĄ BARWY JESIENIĄ?

To chlorofil zawarty w roślinach nadaje im zielony kolor. Jesienią jednak chlorofil zanika. Kiedy znika zielony kolor, uwidaczniają się inne barwy liści – piękne odcienie czerwieni, żółci i złota.

DLACZEGO KORZENIE SĄ TAKIE DŁUGIE?

Długie korzenie trzymają roślinę mocno w ziemi, by nie przewróciła się w wietrzny dzień. Spełniają także inne zadanie: rozprzestrzeniają się daleko i szeroko, by wysysać z ziemi wodę i cenne składniki. Potem korzenie wysyłają wodę w górę łodygi lub pnia i do liści.

🍃 Bardzo silny wiatr może czasami przewrócić drzewo. Padając na ziemię, drzewo wyrywa korzenie z ziemi, tworząc wykrot.

🍃 Korzenie dzikiego figowca z Afryki Południowej sięgają 120 metrów w głąb ziemi. Gdyby postawić to drzewo na dachu czterdziestopiętrowego wieżowca, jego korzenie dotykałyby gruntu.

🍃 Na końcach korzeni rosną maleńkie włoski (włośniki), które wpychają się w wolną przestrzeń między grudkami ziemi.

Słoneczniki nie tylko rosną w kierunku światła, ale ich kwiaty obracają się za słońcem! Kiedy słońce „wędruje" w ciągu dnia po niebie, kwiaty słoneczników obracają się wciąż w jego stronę.

DLACZEGO ŁODYGI SĄ TAKIE PROSTE?

Roślina musi trzymać swe liście zwrócone ku słońcu, bo potrzebuje światła do produkcji pożywienia. Wiele roślin stara się wykształcić jak najdłuższe, proste łodygi, by przerosnąć swych sąsiadów i być bliżej słońca.

Nie wszystkie rośliny mają proste łodygi. Niektóre okręcają się wokół innych roślin, by w ten sposób wspiąć się ku światłu.

KTÓRE ROŚLINY ROSNĄ W WODZIE?

Olbrzymia lilia wodna, wiktoria królewska, rośnie w jeziorach i rzekach Ameryki Południowej. Jej korzenie tkwią w mule, a wielkie liście pływają na powierzchni wody, bo tam jest najwięcej słońca! Każdy liść ma zawinięte do góry brzegi, by mógł odpychać inne liście.

Liście wiktorii królewskiej rosną na długich, mocnych łodygach. Na spodniej stronie każdego liścia ciągnie się sieć wzmacniających żyłek. Dzięki nim liść jest tak mocny, że mogłoby na nim usiąść małe dziecko!

KTÓRE ROŚLINY SĄ NAJMNIEJSZE?

Choć niektóre gatunki glonów osiągają ogromne rozmiary, są też i tak małe, że można je zobaczyć tylko przez mikroskop. Te naprawdę najmniejsze pływają w jeziorach i oceanach, a nazywane są fitoplanktonem. Są tak maleńkie, że wieloryby jednym haustem pochłaniają ich miliony!

🍂 Liście i korzenie roślin wodnych dają pożywienie i schronienie wielu zwierzętom. Jednak mogą się wśród nich także ukrywać drapieżcy.

JAKI LAS ROŚNIE W MORZU?

Wzdłuż wybrzeża Kalifornii w Stanach Zjednoczonych rosną ogromne lasy glonów brunatnic. Wodorosty te porastają skały, a niektóre gatunki przypominające wstęgi osiągają długość 200 metrów – tyle, ile osiem zwykłych basenów pływackich ustawionych jeden za drugim.

🍂 Nie wszystkie rośliny morskie mają korzenie w mule. Niektóre wodorosty unoszą się w wodzie dzięki pęcherzykom powietrza uwięzionym w swych liściach – tak, jakby miały własne koło ratunkowe!

KTÓRA ROŚLINA ŁAPIE POSIŁEK W PUŁAPKĘ?

Kiedy jakiś owad wyląduje na liściu mucholówki, spotka go przykra niespodzianka! Wystarczy, by musnął skrzydłem jeden maleńki włosek na krawędzi otwartego liścia, a zamknie się on błyskawicznie. Biedny owad nie ma żadnych szans na ucieczkę. Mucholówka zamienia go w smaczny płyn, który powoli wchłania.

🍃 Pływacz to podwodny mięsożerca. Wśród jego liści są kuliste torebki, które otwierając się, wsysają pływające obok małe stworzenia.

🍃 Czy wiecie, że mucholówki potrafią liczyć? Kiedy owad dotknie włoska na krawędzi liścia po raz pierwszy, pułapka nadal jest otwarta. Jeśli jednak zrobi to po raz drugi, pułapka się zamyka!

...OSZUKUJE MUCHĘ?

Kapturnice purpurowe mają niezwykłe liście w kształcie dzbana, które kuszą owady słodkim zapachem. Liście te są pułapkami – kiedy na brzegu usiądzie mucha, traci przyczepność, ześlizguje się do wnętrza liścia i tonie w trawiącym ją soku.

Wiele owadożernych roślin rośnie na wilgotnych, bagnistych terenach, gdzie gleba jest mało urodzajna. Owady są dla nich ważnym uzupełnieniem ubogiej diety.

...CHWYTA OWADA W SIDŁA?

Liście rosiczki są pokryte włoskami, na których znajdują się krople kleistej substancji. Kiedy jakiś owad usiądzie na liściu, natychmiast się przykleja. Im bardziej się szamocze, tym mocniej przywiera do rośliny. W końcu liść składa się na pół, zakrywa owada i zaczyna zamieniać go w płynny pokarm, który potem wchłania.

DLACZEGO ROŚLINY MAJĄ KWIATY?

Wiele roślin ma kolorowe, pachnące kwiaty, które przyciągają owady i inne zwierzęta. Goście częstują się kroplami słodkiego nektaru ukrytego we wnętrzu kwiatu. Przy okazji nieświadomie zabierają ze sobą drobinki pyłku kwiatowego, który przenoszą do innego kwiatu. Kiedy pyłek trafi na słupek innego kwiatu, zaczyna powstawać nasionko.

🍃 Angielska nazwa tej rośliny brzmi „gorące usta" – i nic dziwnego! Czerwone jak szminka liście bez wątpienia przyciągają wielu gości do maleńkiego kwiatka.

🍃 Wiele drzew i traw rozsiewa pyłek na wietrze. Nie potrzebują one żadnych owadzich gości, więc nie tworzą jaskrawych kwiatów.

Zwierzęta zapylające rośliny, takie jak ten nietoperz, wcale nie chcą okryć się pyłkiem. Kwiat kaktusa ma jednak taki kształt, że nie mogą tego uniknąć!

KTÓRY KWIAT OSZUKUJE PSZCZOŁĘ?

Kwiat dwulistnika pszczelego wygląda i pachnie jak samica pszczoły. Samce przylatują do kwiatu przekonane, że znajdą tam samicę – ale dają się oszukać! Roślina wykorzystuje ich jako posłańców, którzy przenoszą pyłek do innych kwiatów.

W lecie w powietrzu może być tyle pyłku, że wielu ludzi dostaje od niego kataru. Biedacy – to nie jest zwykłe przeziębienie, lecz katar sienny!

KTÓRY KWIAT NAJBARDZIEJ CUCHNIE?

Kwiat o łacińskiej nazwie *Helicodiceros muscivorus* nie pachnie, lecz cuchnie zgniłym mięsem! Jednak muchy plujki to uwielbiają. Te wielkie muchy zwykle składają jaja w gnijących ciałach martwych zwierząt. Oszukane odorem rośliny wpełzają do niej, by złożyć jaja, a po drodze okrywają się jej pyłkiem.

DLACZEGO OWOCE SĄ SŁODKIE I SOCZYSTE?

Niektóre rośliny tworzą słodkie, soczyste owoce, by zwierzęta je zjadały. W każdym owocu jest co najmniej jedno nasionko, a zwykle znacznie więcej. Kiedy zwierzę połyka owoc, połyka i nasiona. Potem nasiona przechodzą przez układ pokarmowy zwierzęcia i wydostają się na zewnątrz razem z odchodami. W tak dobrej glebie ziarno zaczyna się rozwijać i zamieniać w nową roślinę!

🍃 Tamaryna białoczuba żyje w lasach deszczowych Ameryki Południowej. Żywi się głównie owocami, zwłaszcza soczystymi figami.

🍃 Wiosną i latem widać nasiona unoszące się w powietrzu. Nasiona dmuchawców mają swoje własne puchate spadochrony. Nasiona jaworu, z kolei, mają skrzydła, dzięki którym opadają na ziemię, kręcąc się niczym maleńkie helikoptery.

KTÓRA ROŚLINA STRZELA Z BIODRA?

Ogórek zwany tryskawcem sprężystym w bardzo szczególny sposób rozsiewa swe nasiona. W miarę jak owoc rośnie, wypełnia się gęstym sokiem. Staje się coraz pełniejszy, aż w końcu pęka, daleko wyrzucając nasiona.

KTÓRE NASIONA ŻEGLUJĄ PO MORZU?

Palmy kokosowe rosną blisko morza, więc dojrzałe kokosy wpadają do wody. Chronione grubą skorupą wypływają daleko w morze. Po kilku tygodniach lub miesiącach fale wyrzucają je na brzeg, a wtedy zaczynają kiełkować i rosnąć.

🍂 Owoce występują w wielu różnych kolorach, ale chyba większość zwierząt najbardziej lubi czerwone!

KTÓRE OWOCE ZOSTAJĄ ZAPOMNIANE?

Wiele zwierząt żywi się żołędziami, owocami dębu. Wiewiórki lubią je tak bardzo, że każdej jesieni zakopują trochę żołędzi w ziemi, by potem wykorzystać je w zimie, kiedy brakuje jedzenia. Problem w tym, że często zapominają one, gdzie schowały swoje zapasy, kiedy więc nadejdzie wiosna, z zakopanych żołędzi wyrastają młode dęby.

KIEDY NASIONA ZACZYNAJĄ ROSNĄĆ?

We wnętrzu każdego nasiona kryje się maleńki zarodek nowej rośliny. Zaczyna rosnąć, kiedy ziemia dokoła jest ciepła i wilgotna. Początkowo maleńka roślina karmi się zapasami zgromadzonymi w nasieniu. Gdy tylko jednak wypuści pierwsze liście, zaczyna sama wytwarzać sobie pokarm.

Nasienie kasztanowca ma twardą brązową łupinę. Powłoka ta gnije w zimie, a wiosną wyrasta nowa roślina.

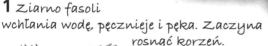

1 Ziarno fasoli wchłania wodę, pęcznieje i pęka. Zaczyna rosnąć korzeń.

2 Z korzeni wyrastają maleńkie włoski.

3 Pojawia się kiełek. Rośnie w stronę światła

CZY WSZYSTKIE ROŚLINY WYRASTAJĄ Z NASION?

Truskawki nie potrzebują nasion, by wypuszczać nowe rośliny. Wypuszczają boczne pędy zwane rozłogami. Kiedy dotkną one ziemi, zaczynają wypuszczać korzenie, pędy i liście. Zaledwie po kilku tygodniach rośnie w tym miejscu nowa roślina!

● Lodoicja seszelska ma największe na świecie nasiona. Ważą aż 20 kilogramów!

KTÓRA ROŚLINA ROŚNIE NAJSZYBCIEJ?

Bambus to najszybciej rosnąca roślina na świecie. Niektóre jego gatunki mogą urosnąć nawet o metr w ciągu jednego dnia! W tym tempie dosięgłyby dachu dwupiętrowego domu w ciągu jednego tygodnia!

4 Kiełek wypuszcza liście. Teraz młoda fasola może już sama wytwarzać pożywienie.

● Pewien sagowiec z Meksyku jest chyba najwolniej rosnącą rośliną na Ziemi. W ciągu stu dwudziestu lat urósł zaledwie na wysokość dziesięciu centymetrów.

CZY GRZYBY SĄ ROŚLINAMI?

Grzyby w rzeczywistości wcale nie są roślinami. Wyglądają jak rośliny i rosną w tych samych miejscach, lecz nie mają liści, łodyg ani korzeni i nie wytwarzają pożywienia za pomocą światła. Grzyb żywi się tym, co pobierze z ciał martwych zwierząt i roślin.

🍂 Naukowcy odkryli do tej pory 100 000 różnych gatunków grzybów, a jest ich prawdopodobnie znacznie więcej. Te maleńkie, jasno-niebieskie muchomory rosną w Nowej Zelandii.

CZYM JEST PURCHAWKA?

Purchawka to rodzaj grzyba, który wygląda jak wielka kulka bitej śmietany. Jeśli trącicie nogą dojrzałą purchawkę, wyleci z niej chmura kurzu. Ten kurz to w rzeczywistości miliony maleńkich drobin zwanych zarodnikami. Spełniają one tę samą funkcję co nasiona. Kiedy wylądują w żyznej ziemi, wyrosną z nich nowe purchawki.

Czy wiecie, że nie-
bieskie lub zielonkawe
kawałki w niektórych
serach to także grzyby?

Rośliny rosły na
Ziemi na długo przed
tym, jak pojawiły się
pierwsze zwierzęta.
Niektóre rośliny,
którymi żywiły się
dinozaury, przetrwały
do dzisiaj.

KTÓRE ROŚLINY
SĄ NAJSTARSZE?

Niektóre mchy i paprocie
pojawiły się na Ziemi
około 350 milionów lat
temu. Jednak
pierwszymi roślinami na
naszej planecie były
maleńkie, mikroskopijne rośliny
wodne zwane glonami, które pływały
w morzach już ponad 3 mld lat temu.

Pewien gatunek grzyba nie tylko żywi
się martwymi zwierzętami, ale najpierw sam
je zabija! Maleńkie zarodniki rosną we
wnętrzu żywych mrówek, karmiąc się ich
ciałem. Po jakimś czasie z mrówki zostaje
tylko suchy pancerzyk,
z którego wyrastają grzyby.

DLACZEGO ROŚLINY MAJĄ KOLCE?

Drzewa takie jak akacja mają ostre kolce, by nie jadły ich roślinożerne zwierzęta, lecz ta strategia nie zawsze się sprawdza. Niektóre zwierzęta, między innymi kozy, wielbłądy i żyrafy, mają twarde wargi i długie, mocne języki, którymi doskonale radzą sobie z kolcami. Rośliny będą musiały wymyślić coś innego!

Liście na najniższych gałęziach ostrokrzewu są najbardziej kolczaste, by nie skubały ich zwierzęta. Wyżej, poza zasięgiem zwierząt, liście nie są już takie kłujące.

DLACZEGO POKRZYWY PARZĄ?

Parzenie to jeszcze jeden sposób, w jaki rośliny bronią się przed zwierzętami. Każdy liść pokrzywy jest pokryty maleńkimi włoskami, ostrymi jak brzytwa. Jeśli zwierzę powącha taki liść, włoski kłują jego nos i wstrzykują kropelki wywołującego ból jadu – au! To wystarczy, by odstraszyć głodnego natręta!

KTÓRA ROŚLINA WYGLĄDA JAK KAMIEŃ?

Trojeść jest rośliną trującą, lecz gąsienice motyla o nazwie monarch zjadają ją bez szkody dla zdrowia. Dzięki temu same stają się trujące – dlatego nie jedzą ich ptaki.

Kamyki to rośliny rosnące na pustyniach południowej Afryki. Mają dwa grube soczyste liście, które chętnie zjadłoby każde zwierzę. Roślina jednak stara się tego uniknąć, upodabniając się do otoczenia. Jej liście tak bardzo przypominają zwykłe kamienie, że zwierzęta mijają ją obojętnie.

KTÓRE ROŚLINY PRZECHYTRZYŁY SWYCH SĄSIADÓW?

W lasach deszczowych najwyższe drzewa szeroko rozkładają gałęzie do słońca i rzucają na ziemię cień, dlatego niektóre mniejsze rośliny nie otrzymują dość światła. Grupa roślin zwanych epifitami rozwiązała ten problem i rośnie wysoko na gałęziach swych większych sąsiadów.

KTÓRA ROŚLINA MA PRYWATNY BASEN?

Niektóre rośliny ananasowate to epifity, które rosną wysoko na drzewach w lasach deszczowych. Nie zbierają wody za pomocą korzeni – kiedy pada deszcz, rośliny te zbierają wodę do zagłębienia pośrodku ich liści. Te maleńkie sadzawki to także doskonałe miejsce do wypoczynku dla drzewnych żab!

W lesie deszczowym jest tak wilgotno, że wiele roślin ma spiczaste liście skierowane czubkami w dół. Są one jak rynny, po których spływa nadmiar wody.

Liany to rośliny pnące, które zwisają z drzew w lasach deszczowych. Niektóre zwierzęta używają ich jako lin i wędrują po nich z drzewa na drzewo.

Nie wszystkie epifity zbierają wodę w liściach. Niektóre, takie jak orchidee, mają długie zwisające korzenie, które niczym gąbka chłoną wodę z wilgotnego powietrza.

KTÓRE DRZEWO DUSI I ŚCISKA?

Indyjskie drzewo zwane banianem to prawdziwy morderca! Jego nasienie kiełkuje wysoko na gałęzi innego drzewa. Jego korzenie stale rosną, robią się coraz dłuższe – oplatają gałęzie, pień i w końcu zagłębiają się w ziemię. Intruz wysysa teraz z gleby wszystkie składniki odżywcze, zabierając je swemu gospodarzowi, który powoli ginie z głodu.

CZY ROŚLINY MOGĄ ROSNĄĆ NA PUSTYNI?

Rośliny mogą rosnąć na pustyni, ale muszą być przystosowane do tego, by przetrwać. Kaktusy mają bardzo rozłożyste korzenie, które wchłaniają każdą kroplę deszczu. Potem bardzo oszczędnie obchodzą się z wodą, przechowując ją w swych mięsistych łodygach. Być może będzie musiała wystarczyć im na tygodnie, miesiące, a może nawet lata.

🍂 Rośliny pustynne mogą uratować człowiekowi życie! Wielu spragnionych wędrowców piło wodę z grubych łodyg kaktusa.

CZY NA PUSTYNI MOŻNA ZBIERAĆ OWOCE?

Wielkie kiście słodkich, lepkich daktyli zwisają z palm rosnących w oazach na pustyniach Afryki i Środkowego Wschodu. Ludzie zbierają te smakowite owoce już od ponad 5000 lat.

CZY NA PUSTYNI MOŻNA ZNALEŹĆ KWIATY?

Na pustyni kwitną stokrotki, maki i wiele innych roślin. Rośliny więdną i umierają podczas gorących, suchych miesięcy, lecz żyją ich nasiona ukryte głęboko w ziemi. Kiedy spadnie deszcz, nasiona zaczynają szybko kiełkować. Wyrastają z nich nowe rośliny, które w ciągu kilku tygodni pokrywają pustynię pięknym kobiercem kwiatów.

🌿 Dzięcioł o łacińskiej nazwie Melanerpes uropygialis robi sobie chłodne gniazdo, wydziobując otwór w kaktusie. Kiedy je opuszcza, czeka już długa kolejka ptaków, które chciałyby zająć jego miejsce!

NA SPRZEDAŻ

KTÓRE ROŚLINY SĄ NAJSMACZNIEJSZE?

Z roślin wyrabia się przyprawy. Mają tak mocny zapach i smak, że dodajemy je do jedzenia, by było jeszcze smaczniejsze. Po zbiorze większość tych roślin zostaje wysuszona i zmielona na proszek, który możemy dosypywać do jedzenia.

🍃 Przyprawy wyrabia się z różnych części roślin. Pieprz pochodzi z jagód, cynamon z kory, a imbir z korzeni.

🍃 Większość przypraw pochodzi z roślin, które rosną w tropikach. Od setek lat kupcy podróżowali po świecie, by kupować przyprawy na targowiskach takich jak to.

DO CZEGO SŁUŻĄ MARCHEWKI?

Marchewki to bardzo smaczne pożywienie, ale w rzeczywistości wcale nieprzeznaczone dla nas! Marchew żyje przez dwa lata. W ciągu pierwszego roku roślina wytwarza zapasy, które przechowuje w grubym pomarańczowym korzeniu. W ciągu drugiego roku zużywa całe to jedzenie, by wydać kwiaty i nasiona – jeśli, oczywiście, wcześniej nie zostanie zjedzona!

● Naukowcy mogą ulepszać nasiona, by wyrastały na mocniejsze i zdrowsze rośliny. Dzięki temu rolnicy zbierają większe i lepsze plony.

CZY LUDZIE JEDZĄ TRAWĘ?

Pszenica, ryż, kukurydza, żyto, owies i jęczmień to tylko niektóre z traw, które jedzą ludzie na całym świecie. Nie jemy jednak liści traw, jak krowy i inne zwierzęta. Zbieramy tylko ziarna. Potem albo zjadamy je w całości, albo mielimy na mąkę, z której wyrabiamy makaron, chleb i inne ważne rodzaje pożywienia.

● Korzenie, jagody, liście i ziarna – rośliny dają nam tyle wspaniałych rodzajów pożywienia, że niektórzy ludzie w ogóle nie jedzą pokarmów pochodzących od zwierząt. Nazywamy ich weganami.

Taka dieta nie jest jednak wskazana dla dzieci i młodzieży!

DO CZEGO NADAJĄ SIĘ STARE ROŚLINY?

Trzysta milionów lat temu na Ziemi rosły ogromne lasy drzew i paproci. Obumarłe rośliny wpadały do bagien i leżały pokryte mułem. Stopniowo, w ciągu milionów lat, były „prasowane" coraz mocniej, aż zamieniły się w czarną skałę nazywaną węglem. Węgiel jest paliwem. Spalamy go w elektrowniach i zamieniamy na m.in. energię elektryczną i cieplną.

🍃 Węgiel wydobywany obecnie z kopalni pochodzi z roślin, które rosły na Ziemi, nim jeszcze pojawiły się dinozaury!

🍃 Szampony, perfumy, olejki do kąpieli i kremy są wytwarzane z pachnących roślin. Dlatego właśnie pachniemy tak ładnie!

🍃 W niektórych częściach świata ludzie jeżdżą samochodami, do których paliwo wyrabia się z kukurydzy, ziemniaków i trzciny cukrowej.

Korki, którymi zatyka się butelki z winem, są zrobione z kory dębu korkowego.

Wiele lekarstw, które kupujemy w aptece, wytwarza się z roślin.

APTEKA

DO CZEGO ROŚLINY SĄ NAM POTRZEBNE DZISIAJ?

Bawełniane ubrania są zrobione z delikatnych włosków, które otaczają nasiona bawełny. Płótno lniane wyrabia się z łodyg lnu.

Rośliny wciąż dostarczają nam pożywienia i tlenu, których potrzebujemy do życia. Wyrabiamy z nich także mnóstwo pożytecznych rzeczy: papier, ubrania, lekarstwa. Naukowcy wciąż odkrywają nowe rośliny i nowe sposoby ich wykorzystania. Chrońmy więc nasze rośliny.

Len

Guma służy do produkcji wielu pożytecznych rzeczy, a wyrabia się ją z gęstego soku kauczukowca.

Bawełna

CZYM JEST LAS?

Las to duży obszar ziemi pokryty drzewami. Pod drzewami rosną mniejsze rośliny, takie jak krzewy i kwiaty. Wśród roślin żyją różnego rodzaju zwierzęta – owady, ptaki, a w niektórych lasach także większe stworzenia, takie jak lisy czy dziki.

Na jednym dębie rosnącym w lesie żyje aż czterysta gatunków zwierząt, od owadów i pająków do ptaków i wiewiórek.

JAK LASY POMAGAJĄ NAM ODDYCHAĆ?

Podobnie jak inne ssaki wdychamy tlen z powietrza i wydychamy dwutlenek węgla. Drzewa pomagają nam, bo pochłaniają dwutlenek węgla i dają nam w zamian dużo tlenu.

W ciągu jednego roku las składający się z 400 drzew daje dość tlenu, by utrzymać przy życiu co najmniej 20 ludzi.

KTÓRE LASY MAJĄ NAJWYŻSZE DRZEWA?

Lasy sekwojowe w Kalifornii, w USA, mają najwyższe drzewa. Sekwoje osiągają wysokość ponad 75 metrów – to więcej niż dwudziestopięcio-piętrowy budynek!

Pozostawione samo sobie, niemal każde pole zamieni się powoli w las. Krzewy wypierają trawę, a potem drzewa wypierają krzewy.

GDZIE JEST NAJWIĘKSZY LAS?

Olbrzymie lasy iglaste ciągną się wzdłuż górnej części Azji, Europy i Ameryki Północnej. Największy spośród tych północnych lasów znajduje się w Federacji Rosyjskiej, w Azji. Stanowi on jedną piątą wszystkich lasów na Ziemi.

🦫 Około jedną trzecią lądu na Ziemi pokrywa las.

🦫 Największym lasem deszczowym jest las w Amazonii. Las ten ma powierzchnię ponad 5 milionów kilometrów kwadratowych i pokrywa dwie trzecie Ameryki Południowej.

AMERYKA PÓŁNOCNA

AMERYKA POŁUDNIOWA

Tropikalny las deszczowy – głównie wiecznie zielone drzewa liściaste, ciepła i deszczowa pogoda przez cały rok.

Tropikalny las suchy – głównie wiecznie zielone drzewa liściaste, suchsze niż obszary lasów deszczowych.

Lasy liściaste i mieszane w klimacie umiarkowanym – głównie drzewa liściaste.

🐾 Północne lasy iglaste Ameryki Północnej, Europy i Azji pokrywają niemal 20 milionów kilometrów kwadratowych – to ponad dwa razy więcej niż obszar USA!

AZJA

EUROPA

AFRYKA

AUSTRALIA

Lasy iglaste w klimacie umiarkowanym – głównie wiecznie zielone drzewa iglaste, nieliczne drzewa liściaste.

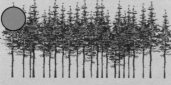

Północne lasy iglaste – głównie wiecznie zielone drzewa iglaste, krótkie chłodne lata i długie zimne zimy.

Lasy liściaste i otwarty obszar leśny, na którym drzewa są rozmieszczone rzadziej niż w lasach.

CZYM SĄ LASY LIŚCIASTE?

Dąb

Jawor

Klon

Lasy liściaste składają się głównie z drzew liściastych, takich jak dęby, buki czy klony. Liście drzew liściastych mają różne kształty i rozmiary.

DLACZEGO NIEKTÓRE LASY SĄ W ZIMIE NAGIE?

Pnie i gałęzie drzew są twarde i mocne, ale liście większości drzew liściastych są cienkie jak papier i słabe – zbyt słabe, by przetrwać ostrą zimę. Dlatego większość drzew liściastych zrzuca liście jesienią, mniej więcej w tym samym czasie, kiedy my zaczynamy się cieplej ubierać.

O drzewach, które nie zrzucają liści na zimę, mówimy „wiecznie zielone". Do takich drzew należy eukaliptus, którego liśćmi żywi się koala.

Najmniejsze szyszki są niewiele większe od paznokcia kciuka, największe są dłuższe od ludzkiej ręki!

DLACZEGO SOSNY MAJĄ IGŁY?

Podobnie jak cedry, jodły i cisy, sosny należą do grupy drzew iglastych – drzew, których owocami są szyszki. Jak większość drzew iglastych, sosny nie zrzucają liści przed zimą. Dzieje się tak dlatego, że liście sosny to twarde i wąskie igiełki, dość wytrzymałe, by przetrwać zimową pogodę.

Ptak na rysunku obok jest nazywany krzyżodziobem ze względu na swój dziwaczny dziób. Dziób ten działa jak dźwignia i pozwala ptakowi dostać się do smakowitych ziaren ukrytych we wnętrzu szyszki.

CZY W LASACH DESZCZOWYCH PADA DESZCZ?

Nie pada, tylko leje! W tych lasach tropikalnych deszcz pada niemal każdego dnia, a na każdy rok przypada aż 200 dni burzowych.

DLACZEGO DRZEWA W LASACH DESZCZOWYCH SĄ JAK PARASOLE?

Korony drzew w lesie deszczowym są tak szerokie i gęste, że działają jak parasole, nie dopuszczając do ziemi znacznej części deszczu. Zatrzymują też światło słoneczne, przez co przy ziemi panuje tajemniczy półmrok.

🐦 Dżungla to najgęstsza część lasu deszczowego. Rośliny są tu bardzo mocno splątane; żeby przez nie przejść, trzeba wyrąbywać sobie drogę.

Najwyższe drzewa

Okap

🐾 Korony drzew tworzą osłonę przypominającą okap lub baldachim, nad który wystają tylko najwyższe drzewa.

Korona

🐾 Korona drzewa w lesie deszczowym może być szersza i dłuższa od boiska do piłki nożnej!

Liana

Podszyt

🐾 Olbrzymie pnącza zwane lianami wspinają się na pnie drzew i zwisają z gałęzi.

🐾 Zacieniona niższa część lasu jest nazywana podszytem.

🐾 W okrytym mrokiem runie lasu deszczowego żyją miliony owadów, na przykład mrówki wędrowne. Te mrówki nie biorą jeńców – zjadają niemal wszystko, co znajdą.

Runo

DLACZEGO ROŚLINY ROSNĄ W POWIETRZU?

Wiele roślin w lesie deszczowym rośnie wysoko na gałęziach drzew, gdzie dociera znacznie więcej światła niż przy ziemi. Korzenie takich roślin czerpią wodę i inne potrzebne im substancje z powietrza, a nie z gleby.

Niektóre gatunki żabek drzewnych mogą skakać w powietrze i szybować z drzewa na drzewo.

Ludzie żyjący w lasach deszczowych używają jadu ukrytego w jaskrawej skórze żaby zwanej drzewolazem karłowatym do zatruwania strzał.

Koliberek hawański jest najmniejszym ptakiem świata. Ma zaledwie 5 centymetrów długości.

CZY KOLIBRY
SĄ PTAKAMI?

Tak, choć są równie
małe, jak owady
i podobnie jak niektóre owady żywią się
nektarem, który wybierają z kwiatów
za pomocą długich dziobów.

🔲 Żuk zwany herkulesem
jest najdłuższym na świecie
chrząszczem. Jego ciało jest
tak długie, jak ciało
myszy domowej wraz z ogonem!

CZY MOTYLE MOGĄ BYĆ
WIĘKSZE OD PTAKÓW?

Owszem, w lasach deszczowych może się to
zdarzyć. Motyl zwany po łacinie *Ornithoptera
Alexandrae* jest większy od wielu ptaków! żyje
w Papui-Nowej Gwinei, a jego skrzydła mogą
osiągać rozpiętość 30 centymetrów.

DLACZEGO JAGUARY MAJĄ CĘTKI?

Jeśli szliście kiedyś przez gęsty las, zauważyliście pewnie, że blask słońca prześwitujący przez liście wygląda jak jasnożółte cętki. Cętkowana sierść pozwala jaguarowi ukryć się w takim świetle i zaskoczyć swą ofiarę. Jaguar poluje niemal na wszystkie zwierzęta, od jeleni i dzików po żółwie i ryby.

Jaguar jest sprytnym myśliwym. Porusza czubkiem ogona w wodzie niczym wędką, by przywabić ryby.

JAK AJ-AJ POLUJE NA OWADY?

Aj-aj ma bardzo długie i chude palce. Tymi palcami wygrzebuje z owadzich norek i tuneli swoje ulubione larwy i pędraki. Aj-aj żyje w lasach deszczowych Madagaskaru, na południowy wschód od Afryki.

Aj-aj znajduje owadzie tunele, stukając długimi palcami w pień drzewa i nasłuchując, gdzie pień jest wydrążony.

Jedną z najdziwniejszych małp jest nosacz – małpa o wyjątkowo dużym nosie. Nosacze żyją na wyspie Borneo i mieszkają w koronach drzew rosnących nad rzekami.

CZEGO CZEPIAJĄ SIĘ CZEPIAKI?

Czepiaki to małpy o długich, chudych nogach, rękach i ogonie. Świetnie wspinają się po drzewach, wykorzystując ogon jak dodatkową rękę.
Żyją wysoko w koronach drzew lasów deszczowych.

Małpy zwane wyjcami to najbardziej hałaśliwe zwierzęta lasu deszczowego. O świcie i zmierzchu przypominają głośnym wyciem o swoim prawie do tej części lasu, w której mieszkają.

CZYM SĄ LASY
W CHMURACH?

Te piękne, tajemnicze lasy deszczowe porastają zbocza gór w tropikalnych częściach świata. Strzępiaste chmury czepiają się koron drzew lub przepływają między ich gałęziami. Chmury tworzą się wtedy, kiedy ciepłe powietrze z dolin wędruje w górę, ku zimniejszemu, górskiemu.

KTÓRE DRZEWO
WYGLĄDA JAK LAS?

Pojedyncze drzewo o nazwie banian może zamienić się niemal w cały las, rozrasta się bowiem w bardzo niezwykły sposób. Niektóre spośród jego gałęzi wbijają się w ziemię, gdzie wypuszczają korzenie i zamieniają w grube pnie. Nowe pnie wypuszczają nowe gałęzie, które znów wbijają się w ziemię. W ten sposób banian zajmuje coraz większy obszar!

🔍 Jeden z największych banianów zajmuje powierzchnię większą niż powierzchnia 32 kortów tenisowych! Baniany rosną w południowej Azji – rekordzista rośnie w ogrodzie botanicznym w Kalkucie, w Indiach.

Goryl górski żyje w lasach Afryki, na terenach górskich. Nocą często wspina się na drzewa, by umościć tam sobie przytulne gniazdo.

GDZIE LASY ROSNĄ NA SZCZUDŁACH?

Lasy drzew namorzynowych rosną w mętnych wodach wzdłuż tropikalnych wybrzeży. Gałęzie namorzynu także wbijają się w ziemię niczym szczudła i wypuszczają nowe korzenie, jednak namorzyn używa tych szczudeł tylko jako podpór i kotwic i nie zajmuje nowych terenów.

Korzenie większości drzew czerpią tlen z gleby, ale namorzyny rosną w mętnej wodzie. Ich korzenie czerpią więc tlen z powietrza, wypuszczając nad wodę odrosty niczym peryskopy.

KTÓRE LASY SĄ NAJZIMNIEJSZE?

Krótkie lata i długie, mroźne zimy sprawiają, że najzimniejszymi lasami są lasy na Dalekiej Północy Azji, Europy i Ameryki Północnej. Mogą tu przetrwać tylko najbardziej wytrzymałe drzewa, więc lasy północne to głównie drzewa iglaste.

◤ Trójkątny kształt drzew iglastych pomaga im pozbyć się nadmiaru śniegu, który zsuwa się z gałęzi.

◤ Wilki jedzą wszystkie zwierzęta, ale im większe, tym lepsze. Ich ulubioną potrawą jest mięso renifera.

DLACZEGO RENIFERY ODGARNIAJĄ ŚNIEG?

W północnych lasach żyją wielkie stada reniferów. Renifery żywią się roślinami, które trudno znaleźć, gdy ziemia jest pokryta śniegiem. Ich wielkie kopyta służą im wtedy za łopaty!

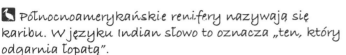 Północnoamerykańskie renifery nazywają się karibu. W języku Indian słowo to oznacza „ten, który odgarnia łopatą".

CO ROBIĄ ZIMĄ NIEDŹWIEDZIE?

Niedźwiedzie lasów północnych przed mroźną zimą kryją się w swych norach. Śpią przez większość czasu, czerpiąc niezbędne do życia substancje z tłuszczu, który zgromadziły w swych ciałach latem.

Szopy także przesypiają zimę w swych norach.

KTÓRE LASY CIĄGLE SIĘ ZMIENIAJĄ?

Każda pora roku przynosi zmiany w lasach liściastych klimatu umiarkowanego. Drzewa są nagie w zimie, wiosną jednak okrywają się świeżymi liśćmi, gdy ziemia porasta kwiatami i trawą. Jesienią liście przybierają różne barwy, nim opadną na ziemię.

Zima

Wiosna

CZYM LISY ZAJMUJĄ SIĘ W NOCY?

Lasy zamieszkuje całe mnóstwo zwierząt nocnych – takich, które są aktywne w nocy, a śpią w dzień. Lisy wychodzą na polowanie po zmierzchu. Łapią i jedzą wszystkie drobne stworzenia, jakie uda im się upolować.

Sowy polują w nocy. Większość z nich dobrze widzi w ciemnościach, niektóre jednak mają niezwykle wrażliwy słuch. Potrafią namierzyć swą ofiarę tylko dzięki szelestom, które towarzyszą zwierzętom chodzącym po ziemi.

Jesień

Lato

CZY DZIĘCIOŁY JEDZĄ DRZEWO?

Nie, ale rzeczywiście dziobią je przez większość czasu. Robią to, by wydobyć z drzewa owady lub wydrążyć sobie dziuplę.

Borsuki to także stworzenia nocne. Mieszkają w podziemnej norze, z której są bardzo dumne. Często sprzątają swe posłanie z trawy i liści, wymieniając stare rośliny na nowe.

Mięśnie na głowie dzięcioła pochłaniają energię wyzwalaną przy uderzaniu dziobem o pień drzewa, chroniąc jego czaszkę przed uszkodzeniem.

GDZIE ŻYJĄ KOALE?

Koale to wybredne stworzenia. Jedzą tylko liście i młode pędy drzewa eukaliptusowego, dlatego też żyją tylko w koronach drzew australijskich lasów eukaliptusowych.

◣ Koale prawie w ogóle nie piją, bo woda potrzebna im do życia jest zawarta w ich pożywieniu. Ich nazwa pochodzi od słowa z języka aborygenów, oznaczającego „bez picia".

◣ Młode australijskich zwierząt leśnych, takich jak opos (powyżej) i koala (poniżej), zaczynają życie w torbach swoich matek, a potem jeżdżą sobie wygodnie na ich grzbiecie.

Bylibyście pewnie zdziwieni, ujrzawszy kangura na drzewie. W rzeczywistości jednak właśnie tam spędzają większość życia kangury drzewne!

KTÓRY PTAK LEŚNY JEST NAJWIĘKSZY?

Kazuary to nieśmiałe ptaki, które kryją się w gęstym podszyciu leśnym w Australii i Nowej Gwinei. Największe z nich mogą mieć nawet 1,7 metra wzrostu. Kazuary nie potrafią latać, ale świetnie biegają i umieją pływać.

Ptaki kiwi z lasów Nowej Zelandii także nie potrafią latać. To jedyne znane ptaki, które mają nozdrza na czubku dzioba.

KTO MIESZKA W LESIE DESZCZOWYM?

W lasach deszczowych mieszka wielu ludzi należących do różnych plemion. Budują domy na polanach i uprawiają warzywa na niewielkich poletkach. Jednak gleba w lasach deszczowych jest dość kiepska, nie można więc uprawiać warzyw w jednym miejscu zbyt długo. Po kilku miesiącach lub latach mieszkańcy lasu pakują się i przenoszą na inną polanę.

Ludy plemienne czerpią z lasu wszystko, czego potrzebują – od jedzenia, po ubrania i lekarstwa.

Lud Yanomami zamieszkuje północno--zachodnią część amazońskich lasów deszczowych. Yanomami żyją w dużych grupach złożonych z kilku rodzin i mieszkają w dużych okrągłych domach zwanych shabono.

CZY W LESIE DESZCZOWYM SĄ SZKOŁY?

Tylko nieliczne dzieci z lasów deszczowych chodzą do szkoły. Ich rodzice uczą je, jak przetrwać w lesie – jak polować i łowić ryby, jak odróżnić rośliny trujące od tych, które nadają się do jedzenia i które mogą służyć za lekarstwo.

W północnej Skandynawii żyją Samowie, lud utrzymujący się z polowania, łowienia ryb i hodowli reniferów.

CZY W LASACH PÓŁNOCNYCH ŻYJĄ LUDZIE?

Tak, iglaste lasy Ameryki Północnej, Europy i Azji są domem wielu różnych szczepów. Na przykład w Kanadzie w leśnych osadach żyją Indianie Cree.

JAK WYGLĄDAŁY LASY PIERWOTNE?

Lasy pierwotne wyrosły około 350 milionów lat temu. Składały się głównie z ogromnych skrzypów i widłaków, które wyglądały jak gigantyczne trzciny i paprocie.

🔖 W pierwotnych lasach żyły olbrzymie owady, między innymi ważki wielkości ptaków.

KTÓRE DINOZAURY ŻYŁY W LASACH IGLASTYCH?

Lasy iglaste wyrosły jeszcze przed epoką dinozaurów. Tylko największe dinozaury, takie jak iguanodon, były dość wysokie, by sięgnąć zielonych gałęzi drzew iglastych.

🔖 Prehistoryczne widłaki osiągały 30 metrów wysokości.

🔹 Gdy rośliny prehistorycznych lasów obumarły, przysypały je grube warstwy ziemi i błota. Przez miliony lat były zgniatane i ściskane, aż zamieniły się w węgiel.

🔹 W kawałkach bursztynu, czyli skamieniałej żywicy drzew iglastych, można czasem znaleźć prehistoryczne owady.

KTÓRE DRZEWO PRZEŻYŁO DINOZAURY?

Araukaria rośnie na Ziemi do dzisiaj, choć pochodzi z czasów dinozaurów.

JAK LASY POMAGAJĄ LEKARZOM?

Mieszkańcy lasu od dawna już wiedzą, jak leczyć choroby za pomocą roślin, a naukowcy wciąż to badają. Na przykład olejek eukaliptusowy może być lekarstwem na kaszel, a barwinek z Madagaskaru jest używany przy leczeniu raka.

Prawie jedna czwarta obecnie używanych lekarstw jest wytwarzana z leśnych roślin.

JAKIE ROŚLINY JADALNE POCHODZĄ Z LASÓW DESZCZOWYCH?

Awokado, banan, mango, kukurydza, batat – wszystkie te rośliny odkryto najpierw w lasach deszczowych, podobnie jak drzewo kakaowca, dzięki któremu mamy dziś czekoladę!

GDZIE ROSNĄ DRZEWA Z GUMĄ DO ŻUCIA?

Ponad tysiąc lat temu Majowie z Ameryki Środkowej dokonali pewnego odkrycia, związanego z drzewem zwanym sapodilla. Okazało się, że jego mleczna żywica to doskonała guma do żucia. Żywica sapodilli do dziś jest składnikiem gum do żucia.

🔖 Guma wytwarzana z żywicy drzew kauczukowych także została odkryta w lasach deszczowych Ameryki. Europejscy podróżnicy byli zdumieni, widząc, jak mieszkańcy lasu deszczowego robią sobie „buty", rozcierając żywicę na stopach!

DLACZEGO LUDZIE ŚCINAJĄ DRZEWA?

Ludzie już od zarania dziejów ścinali drzewa na drewno. Wycina się lasy także po to, by zrobić miejsce pod pola uprawne lub pod budowę miast i miasteczek.

Drewno wykorzystuje się do wyrobu wielu rzeczy, od mebli i domów po papier, plastik i mydło.

CZY LASY SĄ ZAGROŻONE?

Tak, bo wycina się zbyt wiele drzew. Szczególnie zagrożone są tropikalne lasy deszczowe – każdego roku wycinany jest las o powierzchni równej powierzchni Polski!

CO ROBIĄ LUDZIE, BY RATOWAĆ LASY?

Działacze organizacji chroniących przyrodę starają się ocalić jak najwięcej roślin i zwierząt. Współpracują także z rządami niektórych krajów, by spowolnić tempo niszczenia lasów i by zasadzać nowe.

🐾 Niektóre obszary leśne, nazywane parkami narodowymi, są otoczone specjalną ochroną – nie można na nich ścinać drzew ani usuwać obumarłych pni.

🐾 Tygrys jest jednym z wielu gatunków zwierząt, które ze względu na wycinkę lasów są zagrożone wyginięciem.

🐾 Każdego roku w Stanach Zjednoczonych sadzi się 1,5 miliarda drzew, na każdego Amerykanina przypada więc pięć sadzonek.

Wejdźmy głębiej do świata zwierząt. Napotkamy w nim bardzo różne – bardziej lub mniej złożone organizmy. Każdy z nich zajmuje pewne określone miejsce wśród innych, jedne są nam bardziej znane, a inne mniej. Boimy się czasami tych zwierząt, których nie znamy. Czy boisz się pająków? Jeśli tak, to zajrzyj choć na chwilę do ich świata, a strach na pewno ustąpi ciekawości.

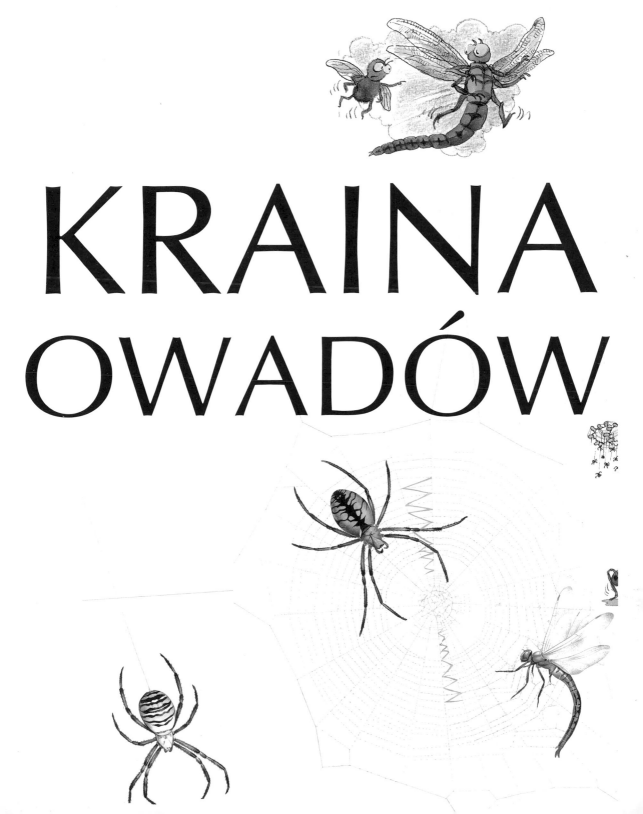

KRAINA
OWADÓW

KTÓRY OWAD JEST NAJWIĘKSZY?

Indonezyjski gigantyczny patyczak jest najdłuższym owadem na świecie. Przy 33 cm długości mógłby zmieścić się na jednej stronie tej książki!

✺ Mistrzem świata wagi ciężkiej wśród owadów jest żuk goliat. Jest tak ciężki, jak chomik.

Żuk goliat

✺ Motyle monarchy wędrowne są rekordzistami w lataniu na duże odległości. Każdego roku lecą z Kanady do Meksyku – jest to podróż licząca 3500 kilometrów.

✺ Tropikalny karaluch jest najszybszym biegaczem znanym w świecie owadów. Pędzi z prędkością ponad 5 kilometrów na godzinę.

Indonezyjski gigantyczny patyczak

KTÓRY OWAD JEST NAJMNIEJSZY?

Trudno by ci było zobaczyć błonkówkę, ponieważ jest nie większa od przecinka. Samica składa maleńkie jaja wewnątrz jaj innych owadów. Może ona pomieścić aż 20 jaj w jednym jaju motyla.

✷ Przed epoką dinozaurów potwornych rozmiarów ważki krążyły w powietrzu. Niektóre z nich były tak wielkie jak mewy.

✷ Coscinocera hercules, ćma z rodziny pawic, jest najszerszym owadem na świecie. Od brzegu jednego skrzydła do brzegu drugiego skrzydła osiąga rozmiary talerza obiadowego!

CZYM JEST OWAD?

Owady mają 3 pary nóg (to razem 6) i 3 części ciała. Pierwsza część to głowa, druga – tułów, a trzecia – odwłok.

🐜 Jak wszystkie owady, również trzmielówka ma 3 pary nóg i 3-częściowe ciało.

Czułki

Głowa

Oko

Tułów

Otwór gębowy

Noga

🐜 Prosionki nie są owadami. Należą do tej samej rodziny co kraby, homary i krewetki. Nie widują się jednak zbyt często, gdyż prosionki żyją na lądzie, a nie w wodzie.

KIEDY MUCHA TO NIE MUCHA?

Prawdziwa mucha, taka jak mucha domowa, ma tylko jedną parę skrzydeł. Motyle, ważki, świtezianki i jętki – wszystkie mają po dwie pary skrzydeł. Więc tak naprawdę wcale nie są muchami!

Skrzydło

✻ Stonoga ma zbyt wiele nóg, by być owadem. Jeden rodzaj ma ich aż 176 par.

CZYM MOŻE BYĆ ROBAK?

Wśród robaków są owady, które mają haczykowate nosy podobne do igieł. Wykorzystują je do otwarcia pożywienia. Wtedy wysysają smaczne soki z wnętrza i używają nosa jak słomki.

CZY PAJĄKI SĄ OWADAMI?

Nie – pająki mają osiem, a nie sześć nóg. Co więcej, ich ciało składa się z dwóch, zamiast z trzech części. To dlatego, że głowa i tułów pająka połączone są ze sobą bezpośrednio.

Odwłok

✻ Istnieje około miliona rodzajów owadów - więcej niż jakichkolwiek innych zwierząt na świecie, a naukowcy wciąż odkrywają nowe.

✻ Pluskwy są wampirami wśród owadów. Nocą poszukują śpiących ludzi, by ich ugryźć. Wtedy wysysają ich krew.

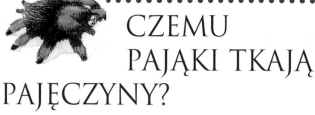

CZEMU PAJĄKI TKAJĄ PAJĘCZYNY?

Lepka sieć pająka jest jego domem i spiżarnią. Kiedy owad wlatuje w pajęczynę, zostaje uwięziony. Pająk spieszy wtedy, żeby utkać wokół niego sieć. Wewnątrz sieci owad przechodzi w płynną papkę. Później pająk może go wyssać jak napój!

✳ Większość pajęczyn, które zobaczysz, ma owalny wzór – są one utkane przez pająki ogrodowe. Inne pająki tkają pajęczyny o innych wzorach.

JAK PAJĄKI ROBIĄ NIĆ?

Pająki robią nić wewnątrz swoich ciał, wyciągając ją przez specjalne wypustki na odwłoku. Tkając sieć, pająk wplata ją w pajęczynę, używając swoich wypustek jak palców.

✳ Pewien Francuz zajął się hodowlą pająków. Wkrótce jednak zaniechał pomysłu, ale zanim to zrobił, zdołał wykonać trochę rajstop i rękawiczek z pajęczych włókien.

✳ Wszystkie pająki tkają włókna, ale nie wszystkie robią pajęczyny. Plujący pająk chwyta owady, opluwając je kleistą substancją.

KIEDY PAJĄKI LATAJĄ?

Kiedy małe pajączki wykluwają się z jaj, tkają sobie długie liny. Potem czekają na bryzę, która poniesie je przez powietrze do nowych domów, które mogą się znajdować setki kilometrów dalej.

CO OWADY CZUJĄ SWOIMI CZUŁKAMI?

Owady używają swoich czułek,
by smakować i wąchać.
Im dłuższe są ich czułki, tym są lepsze.
Niektóre owady używają czułków
jak palców, sprawdzając rzeczy
poprzez dotykanie ich.

Ćma
amerykańska

❉ Czułki
samca ćmy
amerykańskiej
są długie
i pierzaste. Używa ich,
aby wyczuć samicę
ćmy oddaloną o wiele
kilometrów.

❉ Czułki samca
są zwykle dłuższe niż
czułki samicy. Pomagają
mu one wyczuć samicę
w czasie godów.

Żuk azjatycki

❉ Chrabąszcz zawsze
wachluje swoimi
czułkami, zanim
odleci. Mówią
mu one, w jakim
kierunku wieje wiatr.

Chrabąszcz

❉ Żuk azjatycki ma czułki
w niebieskie i czarne paski!

Mrówka

✳ Pająki mają osiem oczu, ale są krótkowidzami!

KTÓRE OWADY SŁUCHAJĄ NOGAMI?

Konik polny ma uszy na obu przednich odnóżach. Jego uszy nie wyglądają jak nasze, oczywiście. To malutkie dziurki z rozciągliwą skórą na ich szczycie – trochę jak miniaturowe bębny.

KTÓRE OWADY PRÓBUJĄ POŻYWIENIA PALCAMI U NÓG?

Większość owadów próbuje pożywienia swoimi buziami, tak jak i my, ale pszczoła może również smakować jedzenie stopami. Musi tylko wylądować na kwiatku, aby spróbować danie dnia!

CZEMU GĄSIENICE ZMIENIAJĄ SIĘ W MOTYLE?

Każdy motyl musi przejść przez 4 różne stadia rozwoju, zanim stanie się w pełni dojrzały. W każdym stadium zmienia rozmiar, kształt i kolor.

✻ Wiele rodzajów owadów zmienia swój kształt podczas wzrostu. Ten rodzaj wzrastania nazywamy metamorfozą.

2 Gąsienice jedzą dużo i rosną bardzo szybko.

1 Motyl składa jaja na roślinie, którą zjedzą małe gąsienice.

✻ Małe, które wykluwają się z jaj owadów, nazywamy larwami, ale wielu ludzi nazywa je po prostu gąsienicami.

3 Po pewnym czasie gąsienice przestają jeść i stają się poczwarkami. Wewnątrz pancerzyka lub kokonu rozwija się w tym okresie postać owada.

✻ Poczwarka jest jak sejf. Sprawia, że ciało owada jest bezpieczne, dopóki nie zmieni kształtu.

✻ Gąsienice rosną tak szybko, że ich skóra pęka. Pod spodem mają nową skórę z mnóstwem miejsca na dalszy wzrost.

NIE WCHODZIĆ W TRAKCIE METAMORFOZY

✳ Nimfy – ostatnie stadium rozwoju niektórych owadów – są podobne do dorosłych osobników. Po prostu powoli zmieniają się w nie.

✳ Nie wszystkie owady zmieniają się wraz ze wzrostem. Z jaj konika polnego wykluwają się malutkie owady, które wyglądają prawie jak ich rodzice.

✳ Samica motyla składa aż 50 000 jaj w ciągu swojego życia.

4 Galaretowata larwa zmienia się w motyla. Kiedy motyl wydostaje się z kokonu, jego skrzydła są miękkie i mokre. Schną w słońcu.

✳ Motyle nie potrzebują jedzenia, by rosnąć, ale uwielbiają sączyć słodki nektar z kwiatów od czasu do czasu. Jest on jak paliwo, które pomaga im latać.

KTÓRY OWAD JEST NAJLEPSZĄ MAMĄ?

Samica skorka spędza całą zimę, opiekując się swoimi jajami. Liże je, aby były czyste i ciepłe. Kiedy się wykluwają młode, karmi je pożywieniem ze swojego żołądka. Pycha!

✱ Stonoga murowa nosi swoje dzieci w worku na brzuchu tak samo, jak robią to kangury!

CO SIĘ WYKLUWA W DZBANKU?

Jeden z gatunków osy robi malutkie dzbanki z mokrej gliny. Składa w każdym jedno jajo i wrzuca do niego żywą gąsienicę, zaklejając dzbanek tak, aby gąsienica nie mogła uciec. Kiedy młoda osa wykluwa się z jaja, czeka na nią pierwszy posiłek!

✶ Larwa wodzienia unosi się w wodzie na małych torebkach powietrza.

✶ Królowa matka składa nawet 3500 jaj dziennie, każdorazowo przez kilka tygodni. Trudno się dziwić, skoro żyje tylko kilka lat!

KTÓRY OWAD JEST NAJBARDZIEJ LENIWYM RODZICEM?

Pszczoła ścieska nie opiekuje się swoimi dziećmi. Zamiast tego podkrada się do gniazd innych pszczół i tam składa swoje jaja. Kiedy małe pszczoły ścieski wykluwają się, zjadają wszystko, co znajdą, nawet swoich przybranych braci i siostry!

✶ Pająk Pardosa nosi jaja ze sobą w jedwabnym ecaku. Kiedy małe wyklują się, wspinają się na zbiet matki i podróżują na niej jak na koniu.

KTÓRY OWAD NOSI ZBROJĘ?

1 Kiedy żuk biega po ziemi, jego skrzydła lotne schowane są pod błyszczącym pancerzem drugiej pary skrzydeł nielotnych.

Żuki mają dwie pary skrzydeł, ale do latania używają tylko jednej. Druga para jest jak gruby kawałek zbroi, okrywająca delikatne skrzydła i ciało żuka.

2 Kiedy chce wzbić się w powietrze, otwiera swój pancerz i rozpościera skrzydła.

✳ Nietrudno odgadnąć, dlaczego jedna z odmian wołka zbożowego wygląda jak żyrafa – szyja tego owada jest dwa razy dłuższa niż ciało!

KTÓRY ŻUK STRZELA Z PISTOLETU NA WODĘ?

Uważaj na chrząszcza z rodziny biegaczowatych! Strzela on w swoich wrogów pociskami gorącego, piekącego płynu. Kiedy pocisk zostaje wystrzelony, wydaje ostry trzaskający dźwięk niczym malutka broń przy wystrzale.

KTO KOPIE GROBY,
A POTEM JE OKRADA?

Żuki grabarze nie mają szacunku dla zmarłych! Kiedy znajdują zwłoki zwierzęcia, kopią pod nimi, aż ciało zapada się pod ziemię. Wtedy składają jaja wewnątrz ciała i przykrywają je na nowo glebą. Gdy z jaj wykluwają się młode, czeka na nie dobrze zaopatrzony sklep mięsny.

☀ Wyobraź sobie kulki ze śniegu do robienia bałwana. Oto jak żuk skarabeusz toczy kule ze zwierzęcych odchodów. Wpycha kule w bezpieczne miejsce i zjada je później.

☀ Starożytni Egipcjanie wierzyli, że słońce było toczone przez niebo przez gigantycznego skarabeusza.

3 Żuk uderza swoimi skrzydłami i gładko porusza się w powietrzu.

CZEMU ĆMY GROMADZĄ SIĘ WOKÓŁ LAMP?

Kiedy ćmy latają w nocy, korzystają
z księżyca i gwiazd, aby odnaleźć drogę.
Jasne światło kompletnie
je ogłupia. Krążą i wpadają
na lampę, mogą nawet
spalić sobie skrzydła
na gorącej żarówce.

CZEMU ROBACZKI ŚWIĘTOJAŃSKIE ŚWIECĄ?

Robaczek świętojański świeci, żeby
przyciągnąć partnera. Wysyła w ten
sposób wiadomość do innych robaczków
świętojańskich w sąsiedztwie, a potem
siada spokojnie i czeka na odpowiedź.

✺ Samica północnoamerykańskiego
świetlika kłamie. Wysyła sygnał
świetlny innego rodzaju
świetlikowi, a kiedy samiec
zbliża się – zjada go!

JAK KONIKI POLNE GRAJĄ NA SKRZYPCACH?

Konik polny gra na swoim ciele jak na skrzypcach. Używa swoich tylnych nóg jak smyczka, pocierając nim o skrzydło. Powstaje głośny, świergoczący dźwięk. W ciepły letni dzień możesz mieć całą orkiestrę w swoim ogrodzie!

🐜 Korniki lubią przegryzać się przez deski podłogowe i wabią partnerów, uderzając szczękami. Kiedyś ludzie myśleli, że ten stukot zwiastował śmierć któregoś z domowników.

JAK KOMARY BRZĘCZĄ?

Samica komara brzęczy, uderzając skrzydłami ponad 1000 razy na sekundę. Robi to, aby zwabić samca. Brzęczenie wywołuje inny efekt u ludzi. Spieszą oni nasmarować się kremem przeciwko komarom!

🐜 Najgłośniejszym owadem na świecie jest cykada. Słychać ją w promieniu ponad 500 metrów – to mniej więcej długość pięciu boisk piłkarskich!

CZEMU PSZCZOŁY ŻYJĄ W ULU?

Na wolności rodziny pszczół żyją w dziuplach, w drzewie lub skale. Ale jeśli przyjazny pszczelarz zaproponuje im kilka przytulnych uli, wtedy pszczoły cieszą się, że mogą się do nich wprowadzić. Oczywiście to duże ułatwienie dla pszczelarza – zbieranie miodu z ula jest o wiele łatwiejsze niż wspinanie się na drzewo!

Kiedy pszczelarze otwierają ul, noszą specjalne kombinezony, rękawice i woalkę, aby chronić się przed żądłami pszczół.

CZEMU PSZCZOŁY TAŃCZĄ?

Kiedy pszczoła znajdzie dużo jedzenia, wraca do ula, powiedzieć o tym przyjaciołom. Robi to poprzez taniec. Liczba podrygów w tańcu i kierunek, jaki wskazuje pszczoła, mówią pozostałym pszczołom, dokąd dokładnie lecieć.

✷ Pszczoły mają nie tylko szczotkę, ale i grzebień! Znajduje się on na ich przednich odnóżach, a używają go do czyszczenia swoich czułków.

✷ Zbieranie nektaru potrzebnego do zrobienia miodu to ciężka praca. Pszczoła musiałaby odbyć 10 milionów wypraw, aby zdobyć wystarczającą ilość na jeden słoik!

CZEMU PSZCZOŁY NOSZĄ SZCZOTKI I KOSZYKI?

Pszczoły mają małe koszyczki na tylnych odnóżach i szczoteczki z włosów na pozostałych nogach. Kiedy pszczoła ląduje na kwiatku, sczesuje proszek nazywany pyłkiem do koszyczków. Następnie wraca do ula, aby nakarmić pyłkiem młode.

✷ Nie wszystkie pszczoły lubią żyć w ulach. Wiele gatunków pszczół żyje samotnie w norach.

✷ Niedźwiedzie wybierają miód z gniazd pszczół. Ich grube futro chroni je przed żądłami – oprócz nosa!

KTÓRE MRÓWKI ŻYJĄ W NAMIOCIE?

Mrówki tkacze zszywają liście,
aby zrobić dla siebie namiot,
a swoich larw używają jako igieł
i nici! Każda mrówka trzyma
młodą larwę w pysku i przebija
nią krawędzie liści.
Larwa wytwarza lepką,
jedwabną nić, która solidnie
zszywa razem dwa liście.

CZYJ DOM MA ZAPADNIĘ?

Pewien pająk mieszka
w norze, która ma drzwi
na jedwabnych zawiasach.
Mogą się one otwierać
i zamykać. Pająk chowa się
w środku, czekając
na przechodzące owady.
Kiedy usłyszy przybysza,
gwałtownie otwiera drzwi
zapadki i chwyta swoją ofiarę.

✹ Wiele robaków buduje swoje domki w twoim domu. Mrówki, pająki, ćmy, stonogi i muchy domowe – wszystkie one lubią żyć w pomieszczeniach.

CZYJE GNIAZDO JEST CIENKIE JAK PAPIER?

Gniazdo klecanki ma papierowe ściany. Robi ona papier, przeżuwając paski drewna, które zdziera z roślin lub starych płotów! Rozsmarowuje cienkie warstwy mikstury, by zbudować gniazdo.

✹ Termity są mistrzami budownictwa i budują gniazda nawet czterokrotnie wyższe od człowieka. Potrzebują przestrzeni, aby pomieścić wewnątrz nawet do 5 milionów termitów!

✹ Gąsienica barczatka przędzie jedwabny baldachim i kryje się pod nim na czas jedzenia.

KIEDY WAŻKI ŻYJĄ POD WODĄ?

Dziecko ważki żyje pod wodą! Młode ważki nazywamy nimfami. Nie potrafią latać, więc pływają w stawach i strumykach przez rok lub dwa, gdy rosną.

2 Kiedy młoda ważka jest gotowa przeobrazić się w dorosłą ważkę, wypełza z wody na trzcinę. Jej skóra otwiera się i wychodzi z niej dorosła ważka.

3 Kolorowe dorosłe ważki latają w tę i we w tę nad wodą, a ich przezroczyste skrzydła połyskują w świetle słonecznym.

1 Młode ważki są zaciekłymi łowcami, atakującymi wszystko, co się rusza.

KTÓRY ROBAK PŁYWA STYLEM GRZBIETOWYM?

Grzbietopławek spędza cały dzień, leżąc na plecach na powierzchni wody i wiosłując swoimi tylnymi odnóżami. Musi się męczyć, patrząc cały czas w niebo!

✴ Pająk bagienny uwielbia wędkować. Zanurza swoje stopy w wodzie jak przynętę dla maleńkich rybek. Kiedy zaczynają one podgryzać jego palce, łapie je!

✴ Larwy pływaka żółtobrzeżka nazywamy wodnymi tygrysami. Są one wystarczająco silne, żeby zabić rybę!

✴ Topik robi podwodny jedwabny namiot. Aby powstrzymać go przed odpłynięciem, pająk zakotwicza go za pomocą jedwabnych lin.

KIEDY KWIAT NIE JEST KWIATEM?

Kiedy jest pewną odmianą modliszki!
Owad ten jest nie tylko różowy jak
kwiat, ale jego ciało składa się
z guzowatych części, które mają
kształt płatków. Kiedy biedny
owad ląduje na „kwiatku",
aby coś przekąsić,
modliszka łapie go
i zjada.

🐜 Pluskwiak jest
malutkim robaczkiem
w ostrym stroju. Kiedy siada na
gałązce, duży kolec na jego plecach
sprawia, że wygląda on jak cierń.

🐜 Jeżeli ptak zbliża się
do rusałki pawik, czeka
go nie lada niespodzianka!
Kiedy skrzydła motyla
otwierają się, wyglądają jak
para srogich oczu.

KIEDY LIŚĆ NIE JEST LIŚCIEM?

Straszyki australijskie udają liście, aby chować się przed swoimi wrogami. Ich zielone ciała w kształcie liścia są nawet poprzecinane liniami, które wyglądają jak żyłki na prawdziwym liściu.

✻ Czarno-żółte paski tej osy oznaczają „Uwaga! Żądlę!". Trzmielówki nie żądlą, ale wyglądają podobnie jak osy, aby udawać, że mogą użądlić.

KTÓRY OWAD MA GROŹNY ODWŁOK?

Australijska zmierzchnica odstrasza swoich wrogów, wymachując swoim odwłokiem! Zakończenie jej ciała wygląda jak groźna twarz z dwojgiem jasnych okrągłych oczu. Atakujący ptak od razu odlatuje w pośpiechu!

CO MA ŻĄDŁO
W OGONIE?

Skorpion atakuje, zawijając
swój ogon nad głową. Kłuje swoją
ofiarę ostrym końcem ogona
i wtedy wstrzykuje
truciznę. Au!

CZY PAJĄKI MOGĄ
ZABIJAĆ LUDZI?

Mimo że ugryzienie
pająka jest bardzo bolesne,
mało który jest wystarczająco jadowity, żeby
cię zabić. Czarna
wdowa jest
najbardziej
znanym
zabójczym
pająkiem.
Jej trucizna
jest wystarczająco silna, żeby
zabić człowieka. Ma ona również
jeszcze inny paskudny
zwyczaj – czasami zjada
swojego partnera!

Lekarze mają lekarstwa na większość
ugryzień pająków, ale muszą dokładnie
wiedzieć, z trucizną jakiego pająka
mają do czynienia. Jeżeli więc
kiedykolwiek ugryzie cię pająk,
nie zapomnij zapytać go o imię!

CO ZABIJA OKOŁO MILIONA LUDZI ROCZNIE?

W niektórych gorących krajach komary przenoszą śmiertelną chorobę zwaną malarią. Mogą nią zarazić każdego, kogo ugryzą. Co roku ponad 200 milionów ludzi zostaje zarażonych malarią, a ponad milion umiera z jej powodu.

✳ Trucizna czarnej wdowy jest 15 razy bardziej zabójcza niż trucizna grzechotnika.

JAKA MASZYNA DO ZABIJANIA MA 120 MILIONÓW NÓG?

Rój mrówek legionistek może liczyć nawet 20 milionów. Mrówki nie mają domu, ale żyją w ciągłym ruchu, jedząc wszystko, co napotykają na swojej drodze – może to również dotyczyć ludzi!

CZY OWADY SĄ DOBRE DLA LUDZI?

Większość owadów jest nieszkodliwa – a niektóre z nich są pożytecznymi przyjaciółmi. Pomagają roślinom rosnąć, oczyszczają ziemię i dają nam pożyteczne rzeczy, takie jak jedwab do produkcji ubrań i miód do jedzenia.

🐜 Ludzie, którzy badają owady, nazywają się entomologami. Podróżują oni po świecie, uczą się o owadach i próbują je chronić.

🐜 Jak czułbyś się, jedząc pieczonego konika polnego? W różnych częściach świata koniki polne, szarańcza i gąsienice są podawane jako smaczne przekąski.

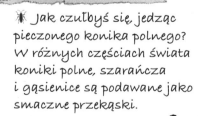

🐜 Owady są zbieraczami odpadków, sprzątają brudne rzeczy takie jak odchody i martwe ciała zwierząt.

✳ Biedronki są największymi przyjaciółmi ogrodników. Chronią rośliny ogrodowe przed ogromną ilością głodnych gąsienic i mszyc.

✳ W lasach tropikalnych mieszka więcej owadów niż gdziekolwiek indziej na świecie.

CZY LUDZIE SĄ DOBRZY DLA OWADÓW?

Wiele owadów zyskuje, mając nas w pobliżu. Nasze domy dają im pożywienie, ciepło i schronienie. Ale inne cierpią, ponieważ niszczymy ich środowisko.

✳ Szarańcza nie jest dobra dla ludzi. W zawrotnym tempie wyrządza więcej szkód niż inne owady. Szarańcza może zbierać się milionami i spustoszyć pole w kilka minut.

Świat zwierząt czasami nas ciekawi, a czasami przeraża.
Gady należą do tych zwierząt, których często się boimy
i lepiej, żebyśmy ich unikali, szczególnie węży. Jednak możemy
śmiało poznawać ich zwyczaje bez narażania się
na niebezpieczeństwo. Otwórzcie i przeczytajcie kolejny rozdział,
wtedy dopiero będziecie wiedzieć,
czego naprawdę powinniście się obawiać.

KRAINA
GADÓW

KTÓRE ZWIERZĘTA SĄ GADAMI?

Węże, jaszczurki, krokodyle i żółwie
– wszystkie należą do tej samej grupy
zwierząt, do gadów. Wszystkie gady
mają szkielet kostny i skórę pokrytą
łuskami. Większość z nich składa
na lądzie jaja, z których
wykluwają się młode. Jednak
niektóre gady są żyworodne.

Jaszczurka

🢒 Gady żyją na
lądzie
i w morzu, prawie wszędzie
na Ziemi. Nie lubią jed-
nak zimna, więc nie
znajdziesz ich
na biegunach polarnych.

Krokodyl

CZY ŻABY I TRASZKI SĄ GADAMI?

Żaby i traszki nie są gadami. Nie mają łusek,
a ich skóra jest bardzo cienka.
Składają jaja w wodzie,
a ich młode wykluwają się
jako kijanki. Młode gady
natomiast wyglądają tak
jak ich rodzice,
tylko są mniejsze.

Wąż

🦎 Tuatara z Nowej Zelandii wygląda
jak jaszczurka, ale nią nie jest.
Nie ma żadnych żyjących krewnych na
Ziemi. Wszyscy wymarli ponad
200 milionów lat temu!

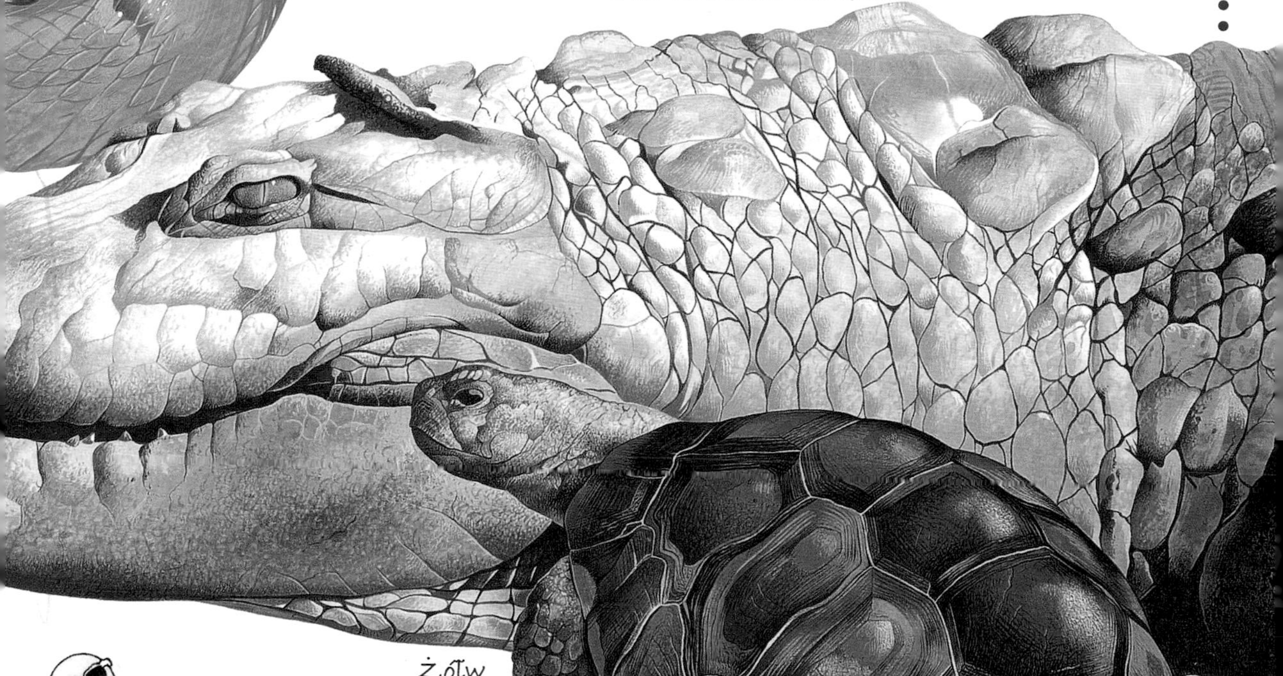

Żółw

🦎 Gady są
zmiennocieplne,
co oznacza, że
temperatura ich ciała
zmienia się wraz
ze zmianami temperatury
otoczenia. Muszą wygrzewać
się w słońcu, by stać się aktywne.
Kiedy robi im się za gorąco,
kryją się w cieniu.

KTÓRY GAD
JEST NAJWIĘKSZY?

Największym gadem na świecie jest krokodyl słonowodny, występujący w tropikalnej Azji i Australii. Ta potężna bestia może osiągnąć długość ponad 7 metrów – tyle, ile wynosi szerokość bramki piłkarskiej.

Najszybszym gadem jest północnoamerykańska jaszczurka nazywana po łacinie *Cnemidophorus sexlineatus*. Z łatwością przegoniłaby cię w wyścigu – na krótkich dystansach osiąga prędkość 29 kilometrów na godzinę!

➤ Najmniejszym gadem jest maleńki
gekon z zachodnich Indii.
Mierzy on 3,5 centymetra,
od czubka nosa po koniec ogonka.
Zmieściłby się w pudełku zapałek,
zostawiając jeszcze trochę wolnego miejsca.

JAKI GAD ŻYJE NAJDŁUŻEJ?

Żółwie mogą dożyć późnego wieku.
Najstarszy znany okaz miał
152 lata. Ale nie musi to
być rekord – na wolności
mogą żyć starsze żółwie.

➤ Najbardziej okazałe
gady wymarły ponad
65 milionów lat temu.
Były to dinozaury,
prehistoryczni krewni
dzisiejszych gadów.

KTÓRY WĄŻ JEST NAJWIĘKSZY?

Największym wężem jest
południowoamerykańska anakonda,
która osiąga długość ponad
10 metrów – jest tak długa
jak autobus. Pyton siatkowany jest
innym olbrzymem, ale mimo że jest
tak długi i wielki jak anakonda,
nie jest tak ciężki jak ona.

CZY WĘŻE POTRAFIĄ ZACHOWAĆ SIĘ PRZY STOLE?

Węże nie mają dobrych manier podczas posiłków. Nie przeżuwają jedzenia, ale połykają je w całości! Rozciągają swoją paszczę, aż cały posiłek zniknie. Szczęki i ciało węży są tak elastyczne, że pozwalają wężom jeść pokarm większy od nich samych.

➤ Węże mogą się zginać i skręcać, ponieważ ich kręgosłup składa się z setek maleńkich kości połączonych ze sobą jak łańcuch.

➤ Większość węży jest samotnikami, ale setki grzechotników tuli się pod ziemią do siebie, aby przespać zimowe miesiące.

DO CZEGO WĘŻOM POTRZEBNE SĄ ZĘBY I KŁY?

Oprócz zębów, które służą wężom
do chwytania pożywienia, węże
jadowite mają także parę kłów. Używają
tych długich zębów, aby zaatakować
ofiarę i wstrzyknąć jej jad,
wypływający z otworów
na ich czubkach.

➤ Żmije mają wyjątkowo długie
kły, które składają się na pół,
kiedy nie są używane.
W przeciwnym razie nie mogłyby
zamknąć swoich paszczy!

CZEMU WĘŻE SIĘ GAPIĄ?

Węże gapią się, bo nie mogą mrugać.
A mrugać nie mogą dlatego,
że nie mają powiek. Każde oko pokryte
jest przezroczystą łuską, która je
chroni. Węże dostają nowe łuski
za każdym razem,
kiedy zrzucają
skórę.

KTO MA JĘZYK DŁUŻSZY OD OGONA?

Zakończony przyssawką język kameleona jest nie tylko dłuższy niż jego ogon – jest dłuższy niż całe jego ciało! Kameleon bardzo szybko wysuwa język i wciąga go z pożywieniem.

DLACZEGO JASZCZURKI GUBIĄ OGONY?

Jaszczurki mogą zgubić swój ogon, kiedy są atakowane. Porzucony ogon porusza się, zaskakując napastnika i dając jaszczurce czas na ucieczkę. Nowy ogon wyrasta w ciągu kilku tygodni.

DLACZEGO GEKONY OBLIZUJĄ SOBIE OCZY?

Większość jaszczurek ma powieki, które wycierają im oczy, ale gekon ich nie ma. Tak jak wąż, ma oko pokryte łuską. Aby utrzymać swoje oczy wilgotne i nieskazitelnie czyste, gekon je oblizuje, używając swojego długiego języka jak podręcznej chusteczki.

Większość jaszczurek żyje na lądzie. Morska iguana z wysp Galapagos jest jedyną jaszczurką, która żyje w morzu.

CZY NA ZIEMI ŻYJĄ JESZCZE SMOKI?

Może waran nie ma skrzydeł i nie zieje ogniem, ale jest naprawdę niesamowity. Jest największą jaszczurką na świecie – dłuższą niż samochód i cięższą niż zawodowy pięściarz. Kiedy ludzie zobaczyli go po raz pierwszy około 100 lat temu, pomyśleli, że patrzą na smoka.

JAKI GAD JEST ŻYJĄCĄ FORTECĄ?

Mieszkanie w skorupie jest jak życie w fortecy. Na widok niebezpieczeństwa żółw chowa się za grubymi ścianami skorupy, blokując swoimi nogami i szczękami „wejście". Dzięki temu jest chroniony przed atakiem, ciepłem i chłodem.

➤ Żółwie lądowe żyją na lądzie. Żółwie morskie mają płetwy do pływania i żyją w morzu. Żółwie wodne to malutkie żółwie, żyjące w rzekach i jeziorach.

➤ Żółw nigdy nie mógłby wyjść ze swojej skorupy i jej zostawić. Blaszki skorupy połączone są ze szkieletem żółwia.

CZY ŻÓŁWIE MAJĄ ZĘBY?

Żółwie nie mają zębów, ale potrafią ugryźć ostrym rogowym „dziobem". Żółwie sępie są szczególnie groźne. Jedno ugryzienie mogłoby pozbawić cię palców u nogi!

➤ Uszkodzona skorupa żółwia powoli się regeneruje. Wetery-narz może mu pomóc, łatając skorupę włóknem szklanym – lekkim materiałem używanym do budowy łodzi.

KTÓRE ŻÓŁWIE ODDYCHAJĄ PRZEZ RURKĘ?

Kolczaste żółwie miękkoskorupiaste spędzają większość czasu pod wodą. Nie muszą wynurzać się na powierzchnię, aby zaczerpnąć powietrza. Wystawiają swój długi pysk nad wodę jak rurkę i przez niego oddychają.

➤ Żółwie pływały w oceanie już ponad 200 milionów lat temu. Są one najstarszymi ze wszystkich gadów.

➤ Skorupa żółwia chroni go przed większością wrogów, ale orły i sępy rozwiązały ten problem. Zrzucają te biedne zwierzęta z dużej wysokości i tak rozbijają ich skorupy.

JAKIE ZWIERZĘ JEST JAK ŁÓDŹ PODWODNA?

Aligator leży tak głęboko w wodzie, że jest ukryty jak łódź podwodna. Jego oczy, uszy i nozdrza umieszczone są na szczycie głowy, więc wciąż może widzieć, słyszeć i węszyć, kiedy większość jego ciała zanurzona jest pod wodą. Inne zwierzęta nie wiedzą nawet, że tam jest – aż je zaatakuje!

🐾 Krokodyle są w pełni wodoszczelne! Kiedy nurkują, specjalne klapki uszczelniają ich uszy, gardło i nozdrza, a dodatkowe powieki działają jak okulary do pływania.

Aligator

Gawial

🐾 Łatwo jest odróżnić aligatora od krokodyla: jeżeli wszystkie dolne zęby są zwrócone do wnętrza paszczy – to jest to aligator. Jeżeli czwarty dolny ząb wystaje, jest to krokodyl.

🐾 Gawiale należą do tej samej grupy co aligatory i krokodyle.

CO SPRAWIA, ŻE KROKODYL SIĘ UŚMIECHA?

Krokodyl nigdy się nie uśmiecha, ale wygląda jakby to robił. W rzeczywistości dyszy, pozwalając ciepłu uciec przcz paszczę, w ten sposób ochładza się.

Czy wiedziałeś, że krokodyle chodzą do dentysty? Otwierają paszczę i pozwalają siewkom wskakiwać do środka. Ptaki wyciągają resztki jedzenia i małe insekty, które tam znajdą.

Krokodyl

DLACZEGO KROKODYLE JEDZĄ RAZEM?

Kiedy jeden krokodyl zabije ofiarę, dołącza do niego nawet czterdziestu jego przyjaciół. Może to wyglądać jak szarpanina, ale zwierzęta pomagają sobie wzajemnie, odrywając kawałki, które są wystarczająco małe, aby je połknąć.

Czy wiedziałeś, że krokodyle jedzą kamienie? Ich ciężar trzyma je głęboko w wodzie, tak że mogą ukryć się przed swoimi ofiarami.

JAK PORUSZAJĄ SIĘ JASZCZURKI, KIEDY SIĘ SPIESZĄ?

Niektóre jaszczurki odkryły, że mogą poruszać się o wiele szybciej, kiedy biegną na dwóch nogach, zamiast na czterech. Kiedy coś zaniepokoi i przestraszy bazyliszka płatkołowego, lubi on szybko uciekać. Wtedy jaszczurka staje na swoich silnych tylnych nogach i ucieka tak szybko, jak potrafi.

JAK PORUSZAJĄ SIĘ WĘŻE, SKORO NIE MAJĄ NÓG?

Węże potrafią doskonale poruszać się bez nóg. Jednym ze sposobów przemieszczania się jest wykonywanie ciałem zygzakowatych ruchów. Odpychając się od kamieni, poruszają się do przodu.

Wiele węży dobrze pływa i wspina się po drzewach, niektóre ryją pod ziemią, a inne nawet szybują w powietrzu.

JAK KROKODYLE PŁYWAJĄ BEZ PŁETW?

➤ Gekony potrafią chodzić do góry nogami dzięki maleńkim włoskom na stopach. Mają aż do 150 tysięcy haczykowatych włosków na każdym palcu. Kleją się one jak rzep do wszystkiego, czego dotkną – nawet do śliskiej szyby!

Krokodyle nie mają płetw jak ryby, ale mają bardzo silny ogon. Wywijając nim, używają go jak wiosła. Zwierzęta przyciągają nogi jak najbliżej ciała, aby przybrało ono opływowy kształt. Dzięki temu mogą płynąć bardzo szybko.

➤ Żółwie nigdy się nie spieszą. Większość z nich potrzebowałaby trzech godzin lub więcej, żeby przejść przez boisko piłkarskie.

JAKA JASZCZURKA MOŻE PATRZEĆ JEDNOCZEŚNIE W RÓŻNE STRONY?

Kameleon może obracać swoimi oczami we wszystkich kierunkach jak wieżą strzelniczą. Podwaja to jego szanse na dojrzenie posiłku i utrudnia ćmie przemknięcie niepostrzeżenie!

DLACZEGO WĄŻ PORUSZA JĘZYKIEM?

Kiedy język węża wysuwa się i chowa, wyłapuje z powietrza różne zapachy. Język przenosi te informacje do wrażliwej części na szczycie paszczy. Stamtąd wiadomość wędruje do mózgu, informując, czy w pobliżu znajduje się partner, posiłek czy wróg.

➤ Aligatory to najbardziej hałaśliwe z gadów. Nie „mówią" do siebie, ale „ryczą"! W okresie godowym samiec, aby zwabić samice, wydaje z siebie przeraźliwe wycie.

➤ Kiedy anolis wychodzi na słońce, zamyka oczy i zerka przez łuski w swoich dolnych powiekach. Chronią one jego oczy jak okulary słoneczne!

PO CO KOMU DZIURA W GŁOWIE?

Jeśli jesteś jaszczurką, dziura w głowie jest bardzo przydatna, ponieważ prawdopodobnie to ucho! Większość jaszczurek ma ucho z każdej strony głowy. Jest to otwór prowadzący do bębenka. Uszy gadów nie odstają od głowy tak jak nasze. Uszy węży są ukryte wewnątrz ich głów.

➤ Grzechotniki i żmije jadowite mogą polować w zupełnych ciemnościach. Mogą wyczuć ciepłotę ciała pobliskiego zwierzęcia i zaatakować ofiarę z niewiarygodną precyzją.

DLACZEGO NIEKTÓRE GADY SIĘ PRZEBIERAJĄ?

Niektóre gady przebierają się, aby się ukryć. Niektóre z nich ukrywają się, żeby zwiększyć swoje szanse na dobry posiłek. Ukryty myśliwy wtapia się w otoczenie i nie zostaje zauważony, aż rzuci się na ofiarę. Inne gady ukrywają się, aby się schronić. Nie chcą stać się czyimś obiadem! A niektóre gady mają barwy ochronne, które czynią je groźniejszymi, niż są w rzeczywistości.

Niektóre żółwie mają płaskie gładkie skorupy, które wyglądają prawie jak otoczaki. To pomaga im ukryć się w korycie rzeki, kiedy wyglądają swojej ofiary.

Kameleony są mistrzami kamuflażu. Potrafią zmienić swój kolor, dostosowując go do otoczenia – prawie!

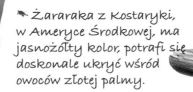

➤ Żararaka z Kostaryki, w Ameryce Środkowej, ma jasnożółty kolor, potrafi się doskonale ukryć wśród owoców złotej palmy.

➤ Wąż mleczny jest zupełnie nieszkodliwy, ale chroni się przed swoimi wrogami, udając, że jest niebezpieczny. Nosi takie same kolorowe pasy jak jadowity wąż koralowy. Czy potrafisz zauważyć różnicę?

Wąż mleczny

Wąż koralowy

➤ Australijski gekon liścioogonowy jest niemalże niewidoczny na pniu drzewa. Jego cętkowana skóra wspaniale stapia się z korą.

➤ Krokodyle można pomylić z pniami drzew niesionymi przez rzekę, dopóki gwałtownie nie zaatakują!

JAKI GAD MA PRZERAŹLIWY KOŁNIERZ?

Jeśli przestraszysz australijską agamę kołnierzastą, ona spróbuje nastraszyć ciebie. Dookoła szyi ma kołnierz, który otwiera się jak parasol. To sprawia, że wygląda na dwa razy większą niż jest w rzeczywistości. A kiedy otworzy szeroko paszczę, jest to bardzo przerażający widok!

➤ Trzymaj się z daleka od ropuchy rogatej ze Stanów Zjednoczonych. Tak naprawdę nie jest ona ropuchą, lecz jaszczurką i może strzelać krwią za pomocą swoich oczu! Przerażające!

➤ Afrykański żółw Torniera wygląda jak gruby placek. Jest wystarczająco płaski, aby wcisnąć się w szczeliny między skałami, a następnie nadyma się, aby napastnik nie mógł go stamtąd wyciągnąć!

JAKI ŻÓŁW WYDZIE-LA PRZYKRY ZAPACH?

Żółw wonny ze Stanów Zjednoczonych zapracował sobie na swoje imię! Kiedy czuje się zagrożony, wydziela wstrętny zapach, który szybko przepędza wrogów. I już nie wracają!

DLACZEGO NIEKTÓRE WĘŻE UDAJĄ NIEŻYWE?

Niektóre węże stawiają czoła niebezpieczeństwu, udając, że są martwe. Zaskroniec zwyczajny przewraca się na plecy i leży nieruchomo z otwartym pyskiem i wystającym językiem. Napastnikowi prawdopodobnie nie spodoba się martwy wąż na obiad, więc zostawi go w spokoju. Wtedy sprytny wąż ożywa i ucieka.

➤ Scynk krótkoogonowy ma krótki i gruby ogon, o takim samym kształcie jak jego głowa. Tak długo, jak długo nie otwiera pyska, nikt nie wie, czy jaszczurka przychodzi, czy odchodzi!

JAKI ŻÓŁW ŁOWI RYBY NA SWÓJ JĘZYK?

Żółw sępi ma wijący się różowy czubek języka, który wygląda jak robak. Żółw leży na dnie jeziora z otwartym pyskiem. Dla ryb ten „robak" wygląda jak obiad. Lecz jeśli ryba podpłynie łapczywie po „robaka", sama stanie się obiadem dla żółwia!

🐟 Większość małych jaszczurek jest mięsożerna. Jedzą tylko owady lub małe zwierzęta. Ale anolis zielony upewnia się, że otrzymuje swoją dawkę witamin, konsumując także owoce!

KTO LUBI MIEĆ BUZIĘ PEŁNĄ KOLCÓW?

Podobnie jak wiele dużych jaszczurek, iguana lądowa z wysp Galapagos jest wegetarianką. Nic nie smakuje jej na kolację bardziej niż kaktus, potrafi ona ponadto żuć kolce, nie czując nic więcej poza małym ukłuciem!

Ludzie zamieszkujący ciepłe kraje często cieszą się, że jaszczurki mieszkają razem z nimi w domach. Jaszczurki zjadają mnóstwo uporczywych owadów.

Pyton potrafi przeżyć cały rok po jednym posiłku – pod warunkiem, że posiłek jest rozmiarów młodej zebry.

JAKIE WĘŻE MAJĄ ŚMIERTELNY UŚCISK?

Boa dusiciele i pytony nie trują swoich ofiar, ściskają je mocno, aż się uduszą. Mają tak zabójczy uścisk, że potrafią zabić kozę, świnię albo jelenia w czasie krótszym niż minuta.

JAKI GAD MIESZKA W JAJU?

Młode węże nie spieszą się z wykluwaniem z jaj. Po pęknięciu skorupki malec wystawia głowę, żeby się rozejrzeć. Może zdecydować, że zostaje wewnątrz na dzień lub dwa, zanim wykluje się na dobre.

➥ Małe gady mają specjalny ząb, którym rozbijają skorupę jaja. Wypada on, kiedy spełni swoje zadanie.

JAKI GAD SKŁADA NAJWIĘCEJ JAJ?

Samica żółwia zielonego składa ponad tysiąc jaj w sezonie, w dołkach, które sama wykopuje na plaży. Potem może być pewna, że choć część jej młodych przeżyje. Mewy, kraby, szczury, lisy i ryby – wszystkie one polują na maleńkie żółwie. Tylko jeden żółw na tysiąc osiąga dojrzały wiek.

▶ Samiec czy samica? Płeć małych krokodyli i żółwi często zależy od tego, w jakiej temperaturze znajdowały się jaja przed wykluciem się małych.

JAKI GAD JEST NAJBARDZIEJ OPIEKUŃCZĄ MATKĄ?

Większość gadów pozostawia swoje jaja lub małe, aby same się o siebie zatroszczyły. Mamy krokodyle są inne. Strzegą swoich gniazd przed głodnymi ptakami i innymi zwierzętami, pomagają młodym wykluć się z jaj i przenoszą je bezpiecznie do wody w swoich paszczach.

CZY GADY MAJĄ TAKĄ SKÓRĘ JAK MY?

Skóra gada jest twarda i zrogowaciała, przypomina bardziej nasze paznokcie niż skórę. Skóra węży i jaszczurek pokryta jest w większości nachodzącymi na siebie łuskami. Ale krokodyle i żółwie mają jeszcze twardszą skórę, z twardymi blaszkami zamiast łusek.

➤ Węże nie są oślizgłe. Są suche, chłodne i przyjemne w dotyku.

➤ Pokryta łuskami skóra gada zatrzymuje wodę, zapobiegając odwodnieniu. Jest to potrzebne, kiedy mieszkasz, tak jak wiele jaszczurek, na pustyni.

Stara skóra węża zaczyna pękać przy jego paszczy. Wąż najpierw zrzuca skórę z głowy, wywijając ją na drugą stronę. Skóra często schodzi w całości, idealnie oddając kształt węża.

DLACZEGO WĘŻE ZRZUCAJĄ SKÓRĘ?

Tak jak nasze stare ubrania, skóra węża zużywa się i potrzebuje wymiany na nową – często większą. Tak więc od trzech do siedmiu razy w roku stara skóra węża pęka i schodzi, a nowa czeka już pod spodem!

W chwilach zagrożenia szyszkowiec zwyczajny zwija się w pancerną kulę. Przewraca się na plecy, chwyta ogon w pysk i kryje swój miękki brzuch za ścianą łusek i kolców.

DLACZEGO NIEKTÓRE JASZCZURKI MAJĄ ROGI I KOLCE?

Rogi i kolce to dobre narzędzie obrony. Tak jak mocna zbroja sprawiają, że jaszczurka wygląda groźnie i boleśnie, kłuje pysk zwierzęcia, które próbuje ją zaatakować.

DLACZEGO GADY POTRZEBUJĄ NASZEJ POMOCY?

Wiele gadów stoi przed niebezpieczeństwem wyginięcia. W przeszłości niektóre gatunki gadów wymarły w powolnym, naturalnym procesie zwanym ewolucją. Ale trwało to tysiące lub miliony lat. Dzisiaj gady wymierają zdecydowanie szybciej, ponieważ ludzie polują na nie albo niszczą miejsca, w których żyją.

➤ Wieloma zagrożonymi gadami opiekują się ogrody zoologiczne. Z czasem ich młode mogą zostać ponownie wypuszczone na wolność.

🐊 Możesz oglądać amerykańskie aligatory w Parku Narodowym Everglades w Stanach Zjednoczonych. Dwadzieścia lat temu zwierzęta te prawie zniknęły, ale dzięki twardemu prawu, teraz jest ich bardzo wiele.

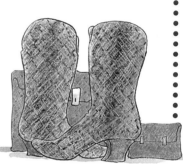

🐢 Żółw karetta zagrożony jest wyginięciem. Turyści oblegają plaże, na których przychodzą one na świat, a potem na otwartym morzu tysiące młodych zaplątuje się w sieci rybackie i toną.

🐢 Niestety, piękna skóra wielu gadów jest wciąż wykorzystywana do produkcji skórzanych portfeli, pasków, butów i toreb.

🐢 W przeszłości tak wiele żółwi i innych gadów było chwytanych i sprzedawanych jako zwierzęta domowe, że znacznie zmniejszyła się ich liczba na wolności. Obecnie obowiązuje prawo zabraniające chwytania i sprzedaży dzikich zwierząt.

Ptaki to zwierzęta, które w procesie ewolucji doskonale
przystosowały się do życia w powietrzu. Ich rodowód
wywodzi się od gadów podobnych budową ciała
do jaszczurek, które żyły bardzo dawno temu
i poruszały się na tylnych nogach, jednak jeszcze nie umiały
latać. Jeśli ciekawi cię, jak ptaki nauczyły się latać,
który ptak jest najmniejszy, a który lata najszybciej
to zajrzyj na kolejne strony tej książki.
Wtedy na pewno przeczytasz je jednym tchem.

KRAINA PTAKÓW

KTÓRY PTAK JEST OLBRZYMEM?

Struś jest największym żyjącym ptakiem. Mierzy ponad 2,5 metra – gdyby wszedł do twojego mieszkania, sięgałby sufitu! Jest też bardzo ciężki, waży tyle samo, ile kuc szetlandzki!

🐦 Największym fruwającym ptakiem jest albatros wędrowny. Gdy rozłoży skrzydła, mierzy tyle samo, ile przeciętny samochód!

🐦 Struś nie umie fruwać. Jednak kiedy czuje się zagrożony, może biec z prędkością 72 kilometrów na godzinę – szybciej niż koń wyścigowy.

Struś

Edredon

KTÓRY PTAK
FRUWA
NAJSZYBCIEJ?

Kaczka nazywana „edredon" może fruwać z prędkością prawie 100 kilometrów na godzinę, lecz prawdziwym rekordzistą jest sokół wędrowny. Pikuje na swą ofiarę z prędkością ponad 200 kilometrów na godzinę, jest więc bez wątpienia najszybszym ptakiem na Ziemi.

Afrykański drop jest najcięższym fruwającym ptakiem. Czasami ma nawet problemy z oderwaniem się od ziemi!

Sokół
wędrowny

Najszybszym pływakiem jest pingwin białobrewy. Może płynąć z prędkością nawet 27 kilometrów na godzinę – trzy razy szybciej niż najszybszy człowiek.

KTÓRY PTAK JEST
NAJMNIEJSZY?

W tropikalnych lasach deszczowych żyją ptaki mniejsze nawet od motyli. Prawdopodobnie najmniejszy spośród nich jest koliberek hawański. Jest tak mały, jak oko strusia i może usiąść na czubku ołówka.

DLACZEGO PTAKI SĄ WYJĄTKOWE?

Ptaki nie są jedynymi zwierzętami, które mają skrzydła lub dzioby, i nie są też jedynymi zwierzętami, które składają jaja. Jednak tylko ptaki mają pióra.

🐦 Nie tylko ptaki potrafią fruwać. Robią to także nietoperze – a nietoperze są ssakami.

🐦 Nie tylko ptaki mają dzioby. Dziób ma także australijski dziobak.

🐦 Nie tylko ptaki składają jaja. Robią to także żółwie i inne gady.

Wszystkie ptaki mają skrzydła, lecz nie wszystkie potrafią fruwać. Niektóre pełzają, skaczą lub biegają po ziemi, inne pływają w morzu niczym foki.

KTÓRE PTAKI MAJĄ ŁUSKI?

Wszystkie! Stopy i nogi ptaków są pokryte łuskami, podobnie jak skóra węży i jaszczurek. Dlatego też ptaki nie noszą butów ani skarpetek! Ale to jeszcze nie wszystko – choć ptasie pióra wydają się miękkie w dotyku, w rzeczywistości są zbudowane z twardego, rogowatego materiału, tak samo jak łuski.

Na każdego człowieka żyjącego na Ziemi, czy to mężczyznę, kobietę, czy dziecko, przypada trzydzieści ptaków.

DLACZEGO PTAKI FRUWAJĄ?

Fruwanie to doskonały sposób ucieczki przed wrogami. Wystarczy kilka machnięć skrzydłami, a ptak siedzi już wysoko na gałęzi, poza zasięgiem głodnego kota! Umiejętność fruwania pozwala także ptakowi przenosić się szybko z jednego miejsca na drugie w poszukiwaniu pożywienia i łapać owady, które latają w powietrzu.

Pięknie upierzona kraska jest prawdziwą akrobatką. Ścigając owady, robi w powietrzu salta.

JAK FRUWAJĄ PTAKI?

Zazwyczaj ptaki po prostu machają skrzydłami w górę i w dół.
W ten sposób odpychają nimi powietrze, tak jak wiosła odpychają wodę.
Jest to jednak bardzo męczące, więc niektóre ptaki oszczędzają siły, szybując. Kiedy już się rozpędzą, rozkładają szeroko skrzydła i pozwalają, by unosił je wiatr.

🐦 Podobnie jak samoloty, ptaki muszą być mocne, lecz lekkie, dlatego też kości ptaków są puste w środku lub cienkie jak papier.

🐦 Kolibry to jedyne ptaki, które potrafią fruwać do tyłu. Mogą także fruwać do przodu, na boki i do góry nogami!

🐦 Zwykła jaskółka spędza niemal całe życie w powietrzu. Nawet śpi, fruwając!

ILE PIÓR MA PTAK?

Im większy ptak, tym więcej ma piór. Koliber ma około 900 piór, podczas gdy łabędź ma ich 25 000! Pióra mogą mieć najróżniejsze kolory i kształty. Delikatne puchowe pióra ogrzewają ptaki, inne chronią je przed deszczem i śniegiem, a największe i najmocniejsze są konieczne do latania.

🦜 Ptaki mają długie pióra w ogonach, smukłe pióra na skrzydłach i tułowiu oraz puszyste pióra przy samym ciele. Puch jest cieplejszy niż futro – to jakby ptasia ciepła bielizna.

Pióra z ogona

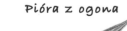

Złoty bażant

Bażant

Pióra z tułowia

Papuga

Szara papuga afrykańska

Pióro puchowe

Gęś

Ara szkarłatna

Perliczka

Każde pióro w skrzydłach jest zbudowane z setek włókien przypominających włosy. Włókna te łączą się ze sobą za pomocą maleńkich haczyków, tworząc gładkie, silne ostrze.

DLACZEGO SĘPY SĄ ŁYSE?

Sępy bardzo brudzą się przy jedzeniu. Jedzą martwe zwierzęta i często wpychają głowy do wnętrza ich ciała, by wyrwać kawałek mięsa. Gdyby miały na głowie pióra, zawsze byłyby one brudne i lepkie, praktycznie niemożliwe do wyczyszczenia. Dlatego sępom żyje się znacznie lepiej, kiedy są łyse.

Pióra stale się niszczą. Stare pióra stopniowo wypadają z ciała ptaka, a na ich miejsce wyrastają nowe. W ciągu roku ptak wymienia całe upierzenie.

Pióra ze skrzydeł

Flaming

Indyk

Papuga

Mewa

Ara

Nim wynaleziono wieczne pióra i długopisy, ludzie pisali gęsimi piórami, maczając zaostrzony koniec pióra w atramencie.

KTO JE ZA POMOCĄ OGROMNEJ PĘSETY?

Głodny tukan rozpycha liście swym wielkim, długim dziobem. Potem delikatnie, niczym pęsetą, zrywa owoc samym czubkiem dzioba. Następnie podrzuca owoc do góry, a kiedy ten spada, łapie go w otwarty dziób.

Pewien dzięcioł z wysp Galapagos jest jedynym ptakiem, który używa widelca! Trzyma w dziobie gałązkę i wygrzebuje nią owady z różnych zagłębień w drzewach.

...I PARY SZCZYPCÓW?

Krzyżodziób żywi się ziarnami ukrytymi we wnętrzu sosnowych szyszek, dlatego też jego dziób ma specjalny kształt, który ułatwia mu to zadanie. Górna część dzioba krzyżuje się z dolną, co pozwala ptakowi uchwycić mocno szyszkę i otworzyć ją.

Dziób kolibra zwanego mieczodziobem jest dłuższy od reszty jego ciała. Koliber używa go jak rurki, którą pije nektar z wnętrza kwiatu.

...SITA?

Wnętrze dzioba flaminga spełnia taką samą funkcję jak sitko. Kiedy flaming zaczerpnie pełen dziób wody, ta wylewa się przez drobne otwory, zostawiając w środku smaczne i pożywne stworzenia wodne.

Ptak zwany sekretarzem, żyjący w Afryce, poluje za pomocą stóp! Podczas polowania łapie węże w szpony i zadeptuje je na śmierć.

...I WŁÓCZNI?

Wężówka amerykańska to ptak wodny, który żywi się żabami i rybami. Potrafi całymi godzinami stać nieruchomo w wodzie i czekać, aż obok przepłynie jakaś smakowita rybka. Kiedy dostrzeże w końcu swą ofiarę, nabija ją na swój długi dziób jak na włócznię.

Ptak nazywany fregatą jest prawdziwym piratem. Kiedy jakiś inny ptak morski złapie rybę, fregata atakuje go i odbiera mu zdobycz!

KTÓRY ORZEŁ JEST NAJWIĘKSZY?

Orzeł zwany harpią jest największym i najsilniejszym spośród orłów (jest większy od doga niemieckiego!). Żyje w lasach deszczowych Ameryki Południowej, gdzie poluje na małpy, które chwyta w swe śmiercionośne szpony!

Szpony orła to śmiercionośna broń. Są bardzo silne – mogą zgnieść ofiarę – a przy tym ostre jak brzytwa.

Ptaki należą do najlepszych rybaków na świecie. Kiedy rybołów zanurkuje w wodzie, może schwytać rybę niemal równie wielką jak on.

🐦 Sępy czasem jedzą tak dużo, że potem nie mogą oderwać się od ziemi.

KTÓRE PTAKI FRUWAJĄ BEZSZELESTNIE?

Większość sów poluje w nocy, spadając znienacka na króliki, myszy i inne drobne zwierzęta. Sowy mają skrzydła zakończone specjalnymi piórami, które umożliwiają im bezszelestny ruch. Ich ofiary nie słyszą nadlatującego wroga i nie mają czasu na ucieczkę!

🐦 Kania błotna żywi się ślimakami. Specjalnie zakrzywiony dziób pozwala jej wyciągać ślimaki ze skorupki.

🐦 Sowy zjadają swoje ofiary w całości. Później wypluwają kości i sierść w formie ciasno zbitej kulki.

DLACZEGO PAPUŻKA FALISTA PRZEKRZYWIA GŁOWĘ?

Oczy papużki falistej znajdują się po przeciwległych stronach jej głowy, może więc widzieć wszystko, co dzieje się dokoła niej. Większe kłopoty sprawia jej oglądanie przedmiotów z bliska. Musi wtedy przekrzywić głowę i nakierować na cel specjalny wizjer znajdujący się pośrodku jej oka – tak jak ty musisz nakierować na obiekt obiektyw aparatu, kiedy chcesz zrobić zdjęcie.

🐦 Słonka ma naprawdę niezwykłe oczy. Nie ruszając głową, może widzieć, co dzieje się przed nią, za nią, a nawet nad nią.

KTÓRY PTAK STERUJE USZAMI?

Południowoamerykański ptak zwany tłuszczakiem buduje gniazda głęboko w jaskini. Nie widzi dobrze w ciemności, więc gdy leci przez jaskinię, wydaje bez ustanku trzaskające dźwięki, które odbijają się od ścian jaskini. Nasłuchując uważnie, skąd dochodzi echo, tłuszczak wie, gdzie znajdują się te ściany.

KTÓRY PTAK WĘSZY PRZEZ CAŁĄ NOC?

Nowozelandzki ptak kiwi poluje w nocy, wyszukując za pomocą węchu robaki, owady i inne smakowite przekąski. Nozdrza kiwi znajdują się w nietypowym dla ptaka miejscu, bo na końcu dzioba. By znaleźć sobie jakiś posiłek, kiwi musi jedynie włożyć dziób w ziemię i pociągnąć mocno nosem!

🐦 Kaczki mają przezroczyste powieki, które chronią ich oczy podczas nurkowania. Powieki te spełniają taką samą funkcję jak okulary do pływania i pomagają kaczkom widzieć pod wodą.

🐦 Miodowód żywi się woskiem pszczelim. Czasami, kiedy znajdzie gniazdo pszczół, prowadzi tam ludzi i czeka, aż ci otworzą gniazdo. Wtedy ludzie mogą zabrać miód, a miodowód dostaje swój wosk.

KTÓRY PTAK JEST NAJWIĘKSZYM STROJNISIEM?

Samce rajskich ptaków noszą w okresie godowym piękne, koronkowe pióra. Kiedy obok przechodzi samica, wszystkie samce zawisają głową w dół, by pokazać swe oszałamiające upierzenie. To prawdziwy konkurs piękności, w którym samica wybiera sobie na partnera ptaka z najwspanialszymi piórami!

🐦 W niektórych nowojorskich domach papugi pełnią funkcję alarmu przeciwwłamaniowego! Wydają przenikliwy krzyk, kiedy ktoś włamuje się do mieszkania.

CZY WSZYSTKIE PTAKI ŚPIEWAJĄ?

Śpiewa tylko niewiele ponad połowa ptaków, ale to nie znaczy wcale, że pozostałe milczą! Gęsi gęgają, sowy pohukują, kaczki kwaczą, a australijski ptak kukabura wydaje dźwięk podobny do śmiechu! Śpiewają zazwyczaj samce – by zwabić partnerkę albo by wyzwać do walki inne samce.

Samiec kakadu palmowej wabi partnerkę, wygrywając dla niej melodię. Chwyta w łapę gałązkę i wybija nią rytm na jakiejś wydrążonej kłodzie.

KTÓRY PTAK WYGLĄDA JAK STRASZYDŁO?

Jeśli spróbujesz nastraszyć wojownika ozdobnego, on prawdopodobnie nastraszy ciebie! Ten ptak ma na głowie grzebień długich piór. Kiedy czuje się zagrożony, podnosi te pióra, co sprawia, że wygląda na znacznie większego i groźniejszego niż jest w rzeczywistości – zazwyczaj ten widok wystarcza, by odstraszyć nieprzyjaciół.

KTÓRY PTAK JEST NAJLEPSZYM BUDOWNICZYM?

Samiec ptaka o nazwie wikłacz musi udowodnić, że jest doskonałym budowniczym, jeśli chce zdobyć partnerkę. Wisząc na gałęzi, wije z długich źdźbeł trawy gniazdo w kształcie wydrążonej kuli. Jeśli sprawi się dobrze, samica wyłoży gniazdo piórami. Jeśli nie, będzie musiał budować wszystko od nowa!

🐦 Wiele ptaków spędza noc w większych grupach. Ukryte w zacisznych miejscach, zbijają się w ciasne stado i ogrzewają nawzajem, co jest szczególnie ważne w zimie.

KTÓRE GNIAZDO MA CENTRALNE OGRZEWANIE?

Australijski ptak nogal pręgoskrzydły składa jaja we wnętrzu wielkiej sterty liści. Gnijące liście wydzielają ciepło i ogrzewają jaja. Każdego dnia nogal sprawdza dziobem temperaturę gniazda. Jeśli jest zbyt gorące, rozgarnia liście, by nieco się ochłodziło.

Przedrzeźniacze, ptaki żyjące na wyspach Galapagos, wyrywają ludziom włosy z głowy, by potem mościć nimi swoje gniazdo.

KTO MIESZKA W MIEŚCIE NAD MORZEM?

Dla wielu ptaków urwisko to idealne miejsce na gniazdo – jest poza zasięgiem drapieżników, a przy tym łatwo z niego polować na ryby. Tysiące ptaków składa jaja na wąskich półkach skalnych lub wije gniazda w skalnych szczelinach. Takie ogromne zbiorowisko ptaków, walczących bez ustanku o przestrzeń życiową, przypomina miasto – zatłoczone, śmierdzące i bardzo zgiełkliwe!

KIEDY PTAKI MAJĄ ZĘBY?

Kiedy pisklę zamknięte jest jeszcze we wnętrzu jaja, na jego dziobie wyrasta jeden mały ząb. Gdy nadchodzi pora wylęgu, pisklę używa tego zęba do rozłupywania jaja od środka. Potem nigdy go już nie potrzebuje, więc ząb wkrótce odpada.

🐦 Gniazdo zimorodka to cuchnąca sterta rybich ości i odchodów.
Gdy tylko pisklęta zimorodka opuszczą gniazdo, natychmiast nurkują w rzece, by się porządnie umyć!

2 Kolejne otwory układają się w jednej linii.

1 Pisklę wydziobuje otwór w skorupce.

KTÓRE JAJA WYGLĄDAJĄ JAK KAMYCZKI?

Podczas wiosennego spaceru po kamienistej plaży musisz patrzeć uważnie, gdzie stawiasz stopy! Niektóre spośród tych małych okrągłych kamyczków mogą być jajkami siewki. Siewki budują gniazda bezpośrednio na ziemi, lecz ich jaja są doskonale ukryte, bo wyglądają dokładnie tak jak kamyki.

🐦 Pisklęta są bardzo żarłoczne. Samica strzyżyka może karmić swe młode nawet kilkaset razy dziennie!

KTO ROZPOCZYNA ŻYCIE SKOKIEM?

Kaczki krzyżówki często zakładają gniazda na drzewach, więc ich pisklęta wylęgają się wysoko nad ziemią. Jak dostają się na dół? Bardzo prosto! Gdy woła je matka, wyskakują z gniazda i spadają na ziemię. Są tak lekkie, że nie potrzebują spadochronu i lądują całe i zdrowe.

🐤 Pisklę flaminga żywi się płynnym pożywieniem, przygotowanym przez swoich rodziców. Przypomina ono bardziej mleko ssaków, choć jest czerwone, a nie białe.

3 Czubek jaja odpada...

4 ...i ze środka wydostaje się mokre pisklę.

5 Teraz mały ptaszek jest gotów poznawać świat.

🐤 Kaczka wylęga się około czterech tygodni po tym, jak złożone zostało jajo. Samo wykluwanie może trwać od godziny lub dwóch aż do całego dnia!

DLACZEGO GĘSI ODLATUJĄ NA ZIMĘ DO CIEPŁYCH KRAJÓW?

Gęsi bernikle przelatują z jednego lądu na inny, gdy zmieniają się pory roku. Nazywa się to migracją. Ptaki spędzają lato daleko na północy, gdzie ich pisklęta mają pod dostatkiem trawy i innego pożywienia. Gdyby jednak zostały tam na zimę, umarłyby z głodu! Dlatego też każdej jesieni lecą do cieplejszych krajów.

Na Antarktydzie robi się tak zimno, że niektóre pingwiny migrują na północ, do Ameryki Południowej. Oczywiście nie lecą, tylko płyną.

SKĄD PTAKI WĘDROWNE WIEDZĄ, KIEDY ODLECIEĆ?

Jesienią dni stają się krótsze i zimniejsze. To sygnał dla ptaków wędrownych, że wkrótce nadejdzie czas odlotu. Jedzą wtedy więcej niż zwykle, by utuczyć się przed czekającą je długą podróżą. Wreszcie pewnego dnia zbierają się w większą grupę i odlatują.

Maleńki rudaczek północny spędza lato na Alasce, a zimę w Meksyku. Podczas podróży w obie strony musi więc pokonać co najmniej 9600 kilometrów!

JAK PTAKI WĘDROWNE ODNAJDUJĄ DROGĘ?

Naukowcy nie są całkiem pewni, jak ptaki wędrowne odnajdują drogę. Niektóre po prostu wiedzą, gdzie lecieć, jakby miały ukryty w sobie kompas. Inne kierują się położeniem Słońca, Księżyca i gwiazd. Starsze ptaki prawdopodobnie pamiętają punkty orientacyjne, takie jak rzeki i wzgórza.

Długi lot pochłania mnóstwo energii. Zmęczone ptaki zatrzymują się po drodze, by odpocząć i najeść się.

KTÓRY PTAK WYLATUJE NA PEŁNE MORZE?

Wielki albatros wędrowny spędza większość życia na morzu. Ten ogromny ptak szybuje godzinami na silnych morskich wiatrach. Czasami marynarze widzą albatrosy, które lecą za ich okrętami przez południowe morza.

KTÓRY PTAK CHODZI PO WODZIE?

Podczas łowienia ryb w morzu maleńkie nawałniki burzowe wyglądają tak, jakby chodziły po wodzie. Oczywiście nie robią tego – w rzeczywistości unoszą się tuż nad powierzchnią, zanurzając stopy w wodzie. Czasami przebierają szybko nogami, by utrzymać równowagę na wietrze.

KTÓRY PTAK NOSI KASK?

Głuptaki są świetnymi nurkami. Spadają do morza z dużej wysokości, by złapać rybę. Od częstego uderzania w wodę z dużą siłą mogłaby je rozboleć głowa, dlatego mają bardzo grubą czaszkę, przypominającą hełm, która zapewnia im bezpieczeństwo.

KTO LUBI TAPLAĆ SIĘ W BŁOCIE?

Ptaki brodzące uwielbiają gęste błocko zalegające przy ujściu rzeki. Ogromne stada takich ptaków godzinami chodzą po błocie i wsadzają w nie dzioby, polując na robaki, kraby i chrupiące małże.

Maskonur może zanieść do gniazda nawet 40 ryb. Maleńkie fałdy na dziobie zapewniają mu bardzo mocny uchwyt.

JAK PINGWINY ZNOSZĄ ZIMNO?

Pingwin cesarski jest jedynym zwierzęciem, które może przetrwać antarktyczną zimę na lądzie. Pingwiny mają gruby płaszcz z piór, a pod skórą jeszcze grubszą warstwę tłuszczu. Mimo to tłoczą się w ciasnych grupach, ogrzewając się nawzajem podczas mroźnej zimy.

🐧 Pisklę pingwina wtula się pomiędzy stopy swoich rodziców, żeby było mu ciepło.

🐧 Pardwa górska żyje na Dalekiej Północy. W lecie jej pióra są brązowe, lecz jesienią okrywa ją nowa warstwa białych piór – doskonałe przebranie, dzięki któremu może ukryć się w śniegu przed drapieżnikami.

🐧 Sowa śnieżna to bardzo wytrzymały ptak. Przed arktycznym chłodem chronią ją bardzo grube pióra na nogach i stopach – zupełnie jak para ciepłych rajtuzów.

🐦 Samiec pustynnika przelatuje setki kilometrów w poszukiwaniu wody, którą zanosi swoim pisklętom. Moczy pióra w wodzie, a potem pozwala, by pisklęta ją wyssały.

🐦 Ptaki żyjące na pustyni muszą ochraniać jaja przed słońcem. Gdyby tego nie robiły, jaja ugotowałyby się i młode by się nie wykluły.

JAK PTAKI NA PUSTYNI ZNOSZĄ UPAŁ?

Maleńka sóweczka kaktusowa żyje na gorących pustyniach Ameryki. Podobnie jak wiele innych zwierząt pustynnych w ciągu dnia odpoczywa, ukryta przed palącymi promieniami słońca. Dziupla we wnętrzu kaktusa kolumnowego doskonale nadaje się na taką kryjówkę. Grube, mięsiste ściany kaktusa zatrzymują żar i zapewniają chłodne schronienie sennej sówce.

DLACZEGO LUDZIE BUDUJĄ GNIAZDA DLA PTAKÓW?

Niektóre ptaki drapieżne są dzisiaj bardzo rzadkie, dlatego że kiedyś ludzie polowali na nie i niszczyli ich gniazda. Miłośnicy ptaków chcą im teraz pomóc i budują dla nich gniazda w miejscach odległych od ludzkich osad. Gdy tylko ptaki wprowadzą się do takiego gniazda, ludzie chronią je i pilnują, by pisklęta mogły wychowywać się w spokoju.

Rybołowy to sokoły polujące na ryby. Niegdyś żyły w Anglii, lecz zostały tam wybite. By zachęcić je do powrotu, przenosi się młode ptaki ze Szkocji do gniazd położonych nad angielskimi jeziorami.

W każdym kraju działa grupa ludzi, którzy starają się chronić ptaki. Może przyłączysz się do jednej z nich?

Czasami ropa z tankowców wylewa się do morza. Gdy dochodzi do takiej katastrofy, ropa oblepia tysiące ptaków, a wiele z nich umiera.

W wielu krajach ludzie strzelają do ptaków dla zabawy. Wielkie stada ptaków wędrownych to łatwy cel, dlatego też co roku giną ich tysiące. To nie fair!

KTO TAŃCZY ZE STARYMI PIÓRAMI NA GŁOWIE?

W Panamie, w Ameryce Środkowej, myśliwi zabijali dawniej setki rzadkich ar. Chodziło im przede wszystkim o kolorowe pióra, które nosili na głowie tancerze podczas rytualnych tańców. Dzisiaj ogrody zoologiczne i hodowcy ptaków z całego świata przechowują pióra gubione przez ich papugi i wysyłają je do Panamy. Tancerze noszą je na głowach, a ary mogą czuć się bezpieczne.

Ludzie badają prawa rządzące życiem zwierząt także z powodów czysto praktycznych. My przecież też jesteśmy częścią przyrody, więc poznając świat zwierząt, zdobywamy wiedzę nie tylko o środowisku, ale także o nas samych.
Niektóre zwierzęta, takie jak konie czy wielbłądy, towarzyszą człowiekowi od bardzo dawna. Inne jak na przykład australijskie kangury nigdy prawdopodobnie nie zostaną udomowione. Zarówno jedne, jak i drugie mają bardzo ciekawe zwyczaje i zachowania. Jeśli je poznacie, czytając ostatni rozdział, wtedy być może także łatwiej zrozumiecie otaczający was świat ludzi.

KRAINA
SSAKÓW

KTÓRE ZWIERZĘ MA NAJLEPSZĄ MAMĘ?

Małe gorylątko ma jedną z najlepszych mam na świecie. Dorosły goryl może się wydawać przerażający, lecz goryla mama bardzo kocha swe dzieci i dba o nie. Karmi je, dopóki nie skończą trzech lat, a chroni jeszcze dłużej.

🖎 Goryle to małpy człekokształtne, podobnie jak szympansy, gibony i orangutany.

Wszystkie samice małp człekokształtnych to troskliwe i kochające mamy.

KTÓRE ZWIERZĘ MA NAJGORSZĄ MAMĘ?

Samica kukułki w ogóle nie interesuje się swoimi pisklętami. Ta leniwa mama składa jajo w gnieździe innego ptaka. Kiedy pisklę się wykluje, to właśnie ten inny ptak zajmuje się jego wychowaniem.

🐦 Kukułce udaje się oszukać inne ptaki, bo jej jajo pasuje do pozostałych w gnieździe.

KTÓRA MAMA TRZYMA SWE DZIECI W WIĘZIENIU?

Kiedy samica dzioborożca składa jaja w dziupli, samiec pomaga jej zablokować wyjście. Zostawia jednak otwór na jej dziób, by mógł ją karmić, kiedy tkwi w drzewie!

🐦 Wiewióreczniki także nie należą do troskliwych mam. Zostawiają swoje młode w gnieździe i odwiedzają je tylko od czasu do czasu, by przynieść im jedzenie.

KTÓRY OJCIEC RODZI DZIECI?

Samiec konika morskiego ma na swym ciele specjalną torbę, w której samica składa jaja. Samiec nosi je, dopóki z jaj nie wyklują się młode, a wtedy do morza wypływają setki małych koników morskich.

KTO OGRZEWA JAJO STOPAMI?

Każdego roku, w środku zimy, samica pingwina cesarskiego składa jajo i oddaje je samcowi, który ogrzewa je swoim ciałem, ustawiając jajo między stopami. Wysiadywanie trwa aż do wczesnej wiosny, kiedy z jaja wykluwa się pisklę.

> Samce ciernika opiekują się swoimi młodymi. Jeśli mała rybka próbuje odpłynąć, tata chwyta ją w usta i wypluwa z powrotem do gniazda.

KTÓRY OJCIEC MA PIERŚ JAK GĄBKA?

Pustynnik żyje na pustynnych obszarach Afryki, Azji i Europy Południowej. Gdy pisklęta są spragnione, samiec pustynnika szuka wody, często pokonując setki kilometrów, a kiedy znajdzie jakieś źródło, nasącza wodą pióra na piersi. Potem wraca do piskląt i pozwala im pić z mokrych piór.

> Wiele samców w ogóle nie zajmuje się wychowaniem młodych. Większość z nich opuszcza samicę, nim urodzą się młode.

DLACZEGO KANGURY MAJĄ TORBY?

Torba to bezpieczne schronienie dla młodego zwierzęcia. Nowo narodzony kangur jest mały jak orzeszek ziemny. Przedziera się przez futro mamy, aż dotrze do jej ciepłej torby. Tam odżywia się jej mlekiem i rośnie.

➤ Tylko samice kangura mają torby. Samce nie rodzą dzieci, więc jej nie potrzebują!

KTO KURCZOWO TRZYMA SIĘ MAMY?

Mały lemur jeździ na grzbiecie swej mamy przez pierwszych siedem miesięcy życia. Obejmuje ją mocno nogami i przywiera do jej pleców, kiedy ta skacze z drzewa na drzewo.

KOGO NOSZĄ ZA KARK?

Podobnie jak wszystkie kocice, samica lamparta podnosi swe małe, delikatnie chwytając je zębami za skórę na karku. Skóra jest tutaj bardzo luźna i miękka, więc młodym nie dzieje się nic złego. Mały lampart wisi spokojnie w pysku mamy, dopóki nie stanie znowu na ziemi.

Samica krokodyla nosi w paszczy swoje dzieci, uważając, by nie zrobić im krzywdy ostrymi jak brzytwa zębami.

KTO LUBI WODNE PRZEJAŻDŻKI?

Małe perkozy często podróżują na grzbiecie swej mamy. Wcale jednak nie muszą tego robić – same także potrafią doskonale pływać!

KTÓRE ZWIERZĘ MA MNÓSTWO CIOTEK?

Mały słoń ma nie tylko mamę, ale i mnóstwo ciotek, bo słonice żyją w dużych grupach rodzinnych liczących do pięćdziesięciu osobników. Właściwie słoniątko ma nie tylko mnóstwo ciotek, ale też babć, sióstr oraz kuzynek!

🐦 Kiedy samica hipopotama idzie coś zjeść, zostawia dziecko z opiekunką!

KTÓRE ZWIERZĘTA CHODZĄ DO ŻŁOBKA?

Gryzoń mara zostawia swe młode pod ziemią. By jednak nie czuły się one samotne, wiele rodzin dzieli tę samą norę. Kiedy jakaś mama mara zagląda do norki, by nakarmić swe młode, sprawdza, czy i pozostałe maluchy czują się dobrze.

🐦 Mary żyją w Ameryce Południowej. Przypominają świnki morskie o długich nogach. Dorosłe mary nigdy nie wchodzą do nory młodych. Gdy chcą je zobaczyć, gwiżdżą, a wtedy młode same wychodzą na zewnątrz.

➤ Pszczoły także mają swoje żłobki. Małe wylęgają się w specjalnie wydzielonej części ula.

➤ Samica nietoperza ma tak wyczulony słuch, że rozpoznaje wołanie swego dziecka pośród głosów milionów nietoperzy zamieszkujących jaskinię.

GDZIE JEST NAJWIĘKSZY ŻŁOBEK?

W jaskini Bracken w Stanach Zjednoczonych żyje ponad dwadzieścia milionów nietoperzy. Mamy zostawiają swoje młode w żłobku. Małe nietoperze tulą się do siebie i ogrzewają nawzajem, a są tak bardzo stłoczone, że na obszarze o rozmiarach ekranu telewizora może ich być nawet tysiąc!

CO JEST W ŚRODKU PTASIEGO JAJA?

W jaju kryją się – pisklę, żółtko i przezroczysta galareta, zwana białkiem. Żółtko to pożywienie dla rosnącego pisklęcia. Białko także jest pożywieniem, a przy tym chroni pisklę przed gwałtownymi wstrząsami.

➤ Niektóre jaja padają ofiarą głodnych drapieżników, nim zdążą wykluć się z nich pisklęta.

➤ Niektóre zwierzęta wykluwają się bardzo szybko, inne bardzo powoli. Mała mucha domowa wykluwa się w ciągu 24 godzin. Pisklęciu kiwi zajmuje to trzy miesiące albo i więcej.

➤ Rekiny wielorybie składają ogromne jaja – są one tak duże jak piłka do rugby!

DLACZEGO PTAKI OBRACAJĄ JAJA?

Ptaki obracają jaja, by ogrzewały się jednakowo ze wszystkich stron. Pisklęta potrzebują ciepła do rozwoju – dlatego ptaki wysiadują jaja.

CZY TYLKO PTAKI SKŁADAJĄ JAJA?

Ryby, żaby, węże, żółwie, owady, pająki – wszystkie te zwierzęta składają jaja. Jaja różnych zwierząt bardzo różnią się od siebie. Jaja żółwia są miękkie i szorstkie, a wielkością przypominają piłki golfowe. Jaja motyla są maleńkie, często lśnią w słońcu jak klejnoty.

Gąsienice rodzą się bardzo głodne. Wiele z nich już podczas wykluwania zjada skorupę swojego jaja.

KTÓRE ZWIERZĘ MA NAJWYGODNIEJSZE GNIAZDO?

Małe króliki mają naprawdę przytulne gniazdko. Ich mama buduje je w jamce, którą wypełnia miękką, suchą trawą, a potem przykrywa miękkimi włosami ze swojego futerka.

↜ Młode amerykańskiego gryzonia o łacińskiej nazwie *Neotoma cinerea* nie ma tyle szczęścia, co królik – jego gniazdo znajduje się w kolczastym kaktusie. Au!

KTÓRE ZWIERZĘ RODZI SIĘ POD ŚNIEGIEM?

Małe niedźwiadki polarne rodzą się w podziemnym legowisku, które ich mama wykopuje wcześniej w śniegu. Śnieg zatrzymuje ciepłe powietrze, dzięki czemu w legowisku jest miło i przytulnie.

> Gniazdo kolibra jest wielkości orzecha włoskiego. Zbudowane jest z pajęczej sieci, porostów, płatków kwiatów i kawałków roślin.

KTÓRE GNIAZDA MAJĄ 100 LAT?

Orły amerykańskie co roku przylatują do tego samego gniazda. Robią mały remont, a potem składają jaja. Niektóre gniazda mają ponad sto lat i są większe i cięższe od samochodu.

> W Stanach Zjednoczonych para dzięciołów uwiła sobie gniazdo w promie kosmicznym. Na szczęście dzięcioły nie poleciały w kosmos!

KTO MIESZKA W BĄBELKACH?

Pewien gatunek pluskwiaka nosi zabawną nazwę „pienik ślinianka", dlatego że jego młode tuż po urodzeniu robią z własnej śliny pieniste kokony, w których mieszkają, dopóki nie podrosną.

KTÓRE MŁODE ZWIERZĘ JEST NAJWIĘKSZE NA ŚWIECIE?

Młode płetwala błękitnego to prawdziwy kolos – waży nawet 3000 kilogramów, czyli tyle, ile 1000 ludzkich noworodków! Gdy tylko się urodzi, mama wypycha je na powierzchnię, by zaczerpnęło po raz pierwszy powietrza.

🐋 Młody płetwal błękitny jest tak długi, jak pięciu nurków płynących jeden za drugim.

🐋 Młode wyjce (małpy) krzyczą chyba najgłośniej na świecie. Ich płacz słychać z dala nawet w gęstym lesie tropikalnym.

KTÓRE MŁODE ZWIERZĘ JEST NAJWYŻSZE?

Mała żyrafa ma dwa metry wysokości – to więcej niż większość dorosłych ludzi. Samica żyrafy jest oczywiście o wiele wyższa i rodzi swe młode na stojąco. Mała żyrafa opada na ziemię nogami w dół. Au! To naprawdę spory skok!

Młoda ważku to jedno z najgroźniejszych młodych zwierząt. Żyje w rzekach i jeziorach i chwyta w swe ostre szczęki niemal wszystko, co się porusza.

KTÓRE MŁODE JEST NAJBRZYDSZE?

Jednym z najbrzydszych dzieci w świecie zwierząt jest pisklę sępa o wielkim zakrzywionym dziobie oraz łysej głowie i szyi. Jego rodzice jednak także nie są zbyt urodziwi – pewnie na skutek jedzenia zepsutego mięsa!

DLACZEGO PANDY JEDNORAZOWO MAJĄ TYLKO JEDNO MŁODE?

Samica pandy wielkiej poświęca swemu maleństwu tyle miłości i troski, że może się opiekować tylko jednym dzieckiem. Przez rok, a czasami dłużej, poświęca mu całą swą uwagę, by mieć pewność, że młode przeżyje.

➥ Na świecie zostało już niewiele pand. Zarządcy ogrodów zoologicznych obwożą swe pandy po świecie, by mogły poznać inne pandy – i może mieć młode.

KTÓRE ZWIERZĘ SKŁADA SETKI JAJ?

Większość żab i ropuch składa setki jaj w wielkiej pienistej masie zwanej skrzekiem. Wiele jaj zostaje zjedzonych, niektórym jednak udaje się dotrwać aż do chwili, gdy wyklują się z nich kijanki.

➥ Ogromny małż,
przydacznia olbrzymia,
ma chyba największą
rodzinę na świecie.
Co roku samica składa
wielką chmurę jaj
– jest ich co
najmniej
miliard!

CZYJE POTOMSTWO JEST ZAWSZE IDENTYCZNE?

Samica pancernika tatusia zawsze
rodzi cztery identyczne młode.
Wszystkie są albo wyłącznie
samcami, albo samicami. Dzieje
się tak, ponieważ pojedyncze jajo
w brzuchu samicy dzieli się na
cztery części, a potem wszystkie
części zaczynają rosnąć – aż
w końcu rodzą się czworaczki!

➥ Samica albatrosa
składa tylko jedno
jajo na dwa lata.
Rodzice opiekują się
pisklęciem przez
dziesięć
miesięcy, dopóki
mały albatros
nie nauczy się
sam latać.

KTÓRE ZWIERZĘ PIJE NAJGĘSTSZE MLEKO?

Mleko foki grenlandzkiej jest tak gęste i tłuste, że przypomina majonez. Jest około 12 razy gęstsze od mleka krowiego i tak pożywne, że widać niemal gołym okiem, jak karmiona nim foczka przybiera na wadze!

🐦 Foczka musi szybko rosnąć, by jej mama mogła ją w końcu zostawić na jakiś czas samą i zająć się łowieniem ryb. Przez trzy tygodnie focza mama tylko karmi swe młode – potem sama niemal umiera z głodu!

🐦 Wiele fok rodzi się w najzimniejszych częściach świata. Małe foczki nie zamarzają jednak, bo przed zimnem chroni je gruba warstwa tłuszczu i ciepłe futro.

KTÓRY RODZIC PODAJE POSIŁKI W TORBIE?

Pelikan ma pod dziobem wielką torbę ze skóry, w którą zagarnia ryby. Potem odlewa wodę i połyka schwytaną zdobycz. Kiedy trzeba nakarmić pisklę, dorosły pelikan przynosi ryby w torbie i pozwala pisklakowi najeść się do woli. Mniam!

➤ Mały łosoś wykluwa się od razu ze spakowanym obiadem! Ta maleńka ryba „nosi" woreczek żółtkowy, z którego czerpie pożywienie przez kilka tygodni.

➤ Gąsienica pewnej amerykańskiej ćmy jest chyba jednym z najgłodniejszych zwierząt na świecie. W ciągu 56 pierwszych dni swojego życia gąsienica zjada 86 000 razy więcej liści, niż wynosiła jej masa urodzeniowa. To tak, jakby ludzkie niemowlę zjadło sześć wielkich ciężarówek z jedzeniem!

➤ Wnętrze dziobów wielu piskląt jest bardzo jaskrawe. Ludzie uważają, że to zachęca ptasich rodziców do karmienia głodnych dzieci.

DLACZEGO MAŁE LWIĄTKA POLUJĄ NA OGON SWOJEJ MAMY?

Lwiątka uwielbiają się bawić i rzucają się na wszystko, co się rusza – szczególnie na kitkę na ogonie swej mamy. W ten sposób uczą się ścigać i atakować. Umiejętności te przydadzą im się w dorosłym życiu, kiedy same będą musiały polować i zdobywać pożywienie.

➤ Wydry morskie także uwielbiają się bawić. Mama wyrzuca małą wydrę w powietrze, a potem ją łapie. Ale fajnie!

➤ Poprzez zabawę młode zwierzęta zdobywają umiejętności potrzebne im w dorosłym życiu.

DLACZEGO KACZĄTKA ZAWSZE CHODZĄ W RZĘDZIE?

Po wykluciu kaczęta idą za pierwszą istotą, którą zobaczą, czyli za swą mamą. Chodząc za nią wszędzie, uczą się pływać i zdobywać pożywienie. A jeśli odłączą się od grupy, kacza mama natychmiast przywołuje je do porządku!

➤ Niektórzy rodzice uczą swe młode, jak używać narzędzi. Małe szympansiątka szybko uczą się, jak wybierać kijem termity.

➤ Niedźwiadki uczą się od swych mam, jak łapać ryby. Wybierają je łapami z wody.

KIEDY SZCZENIAK ZAMIENIA SIĘ W PSA?

Każdy szczeniak tuż po urodzeniu jest ślepy i bezradny, lecz nim miną dwa lata, staje się prawdziwym, dorosłym psem. Wszystkie szczeniaki są po urodzeniu mniej więcej tej samej wielkości, bez względu na rasę. Dlatego przedstawiciele małych ras potrzebują mniej czasu, by dorosnąć!

2 Nim jeszcze szczeniak skończy sześć tygodni, zaczyna badać otaczający go świat. Bawi się ze swoimi braćmi i siostrami, uwielbia się przewracać i fikać koziołki!

1 W wieku dwóch tygodni szczeniak otwiera oczy i zaczyna słyszeć. Wkrótce też zacznie chodzić.

▶ Antylopa gnu biega, nim zacznie chodzić! Młode kłusują obok swej matki już pięć minut po urodzeniu.

KIEDY MŁODY TYGRYS OPUSZCZA DOM?

Tygrysica opiekuje się swoimi młodymi przez prawie dwa lata. Potem jednak znów ma młode i przestaje się interesować starszymi dziećmi. Nie ma to już jednak większego znaczenia, bo dwuletnie tygrysy są dorosłe i potrafią same zadbać o siebie.

3 Gdy pies dorasta, jest silny i aktywny. Dobre jedzenie pozwoli mu zachować zdrowie i siły.

▰ Większość owadów zmienia postać w trakcie dorastania. Biedronka zaczyna życie jako larwa, potem zamienia się w poczwarkę. Wydaje się, że przez dłuższy czas nic się z nią nie dzieje, lecz w rzeczywistości owad cały czas się zmienia. Kiedy wychodzi w końcu z twardej skóry, jest już dorosłą biedronką.

Larwa   Poczwarka   Biedronka

KTÓRE MŁODE KRYJE SIĘ W LESIE?

Mały jeleń, czyli jelonek, nie trzyma się zbyt dobrze na nogach. Z pewnością nie zdołałby uciec przed głodną pumą czy wilkiem! Kiedy więc wyczuje niebezpieczeństwo, zamiera w bezruchu i czeka, aż zagrożenie minie. Dzięki cętkowanej sierści jelonek jest prawie niewidoczny w lesie zalanym słońcem.

KTÓRE MŁODE KRYJE SIĘ W KRĘGU ROGÓW?

Kiedy dorosłe woły piżmowe wyczują zagrożenie, ustawiają się w kręgu wokół swych młodych. Stoją blisko siebie, z pochylonymi głowami, tworząc żywą tarczę. Tylko bardzo głodny i śmiały wilk odważyłby się zaatakować ten mur długich zakrzywionych rogów!

▶ Wiele zwierząt hałasuje, by odstraszyć wroga. Sowa, zwana pójdźką ziemną, która żyje w podziemnych norach, w sytuacji zagrożenia wydaje dźwięk przypominający grzechotanie grzechotnika.

KTÓRA MAMA UDAJE, ŻE JEST CHORA?

Jeśli jakieś zwierzę zagraza gniazdu siewki, samica tego ptaka udaje, że jest ranna. Trzepocze słabo skrzydłem, jakby było złamane i idzie powoli po ziemi, oddalając się od gniazda. Chce, by wróg myślał, że jest ranna i że łatwo ją złapie. Dzięki temu drapieżnik zaatakuje ją, a nie gniazdo.

▶ Samica skorpiona przez pierwsze dni życia swych młodych nosi je na grzbiecie. Kiedy zbliża się wróg, podnosi wypełniony trucizną ogon wysoko nad grzbietem. To zwykle wystarcza, by powstrzymać zapędy nieprzyjaciela!

KTÓRE MŁODE JEST CIĄGLE MYTE?

Kocica liże swe młode od chwili, gdy się urodzą. Mocne lizanie po pyszczku sprawia, że kocię wciąga powietrze i zaczyna oddychać. Język matki osusza też sierść kotka, by było mu ciepło.

Flamingi czyszczą pióra swoich piskląt oraz swoje własne. Wybierają z nich brud i owady, rozprowadzają też specjalny olej wytwarzany przez gruczoły, dzięki któremu pióra stają się nieprzemakalne.

Wydaje się, że trudno umyć się błotem, ale małe hipopotamy wręcz uwielbiają błotne kąpiele! Może trudno w to uwierzyć, ale błoto chroni skórę hipopotama przed słońcem i czyni ją miękką.

KTO JEST ZAWSZE WYPIELĘGNOWANY?

Pawiany dbają o to, by ich młode zawsze były czyste. Samica pawiana uważnie przegląda sierść małej małpki, rozgarnia jej włosy i wyjmuje palcami wszelkie zanieczyszczenia – kawałki starej skóry, owady i brud. Większość tego, co znajdzie, zjada!

▶ Czasami źrebię gryzie swoją mamę, ale nie robi jej wtedy krzywdy! W ten sposób źrebię prosi mamę, by je popieściła i wyczyściła jego skórę.

KTÓRE ZWIERZĘ MIESZKA W NAJCZYSTSZYM GNIEŹDZIE?

Wiele zwierząt dba o czystość swoich gniazd, lecz żadne chyba nie może się równać z borsukiem! Dorosłe borsuki regularnie wykładają swe nory świeżą trawą i liśćmi. Wykopują nawet z dala od swej nory specjalne dołki, których cała rodzina używa jako toalet.

W.C.

ZAJĘTE

JAK JAGNIĘ ZNAJDUJE SWOJĄ MAMĘ?

Owca i jej młode czasami zostają rozdzielone na zatłoczonym polu. Większość jagniąt wygląda tak samo, ale każde wydaje inny dźwięk. Każda owca zna głos swojego jagnięcia i może bez trudu odszukać je w tłumie.

KLe KLe

🔈 Większość wielorybów i delfinów porozumiewa się ze swymi młodymi za pomocą klekotania i wielu innych dźwięków. Mały humbak słyszy swą mamę nawet z odległości 185 kilometrów, więc nigdy się nie gubi!

CHRRR NNNNN

🔈 Samica łosia trąca swe młode w zad, dając mu w ten sposób do zrozumienia, że powinno iść dalej, nawet jeśli jest zmęczone!

KTÓRE MŁODE DOSTAJE KLAPSA, KIEDY JEST NIEGRZECZNE?

Kiedy małe słoniątko jest niegrzeczne, mama daje mu klapsa trąbą. Słoniątko szybko się uczy, co powinno robić, a czego nie! Jednak słonica używa też trąby do głaskania swego dziecka i innych słoniątek w stadzie, co jest oznaką czułości i miłości.

➤ Małe wilczki uczą się wyć, naśladując dźwięki wydawane przez swych rodziców.

➤ Manat trzyma swe młode w płetwach, by nie odpłynęło z prądem.

🐾 Motyle zwane po łacinie Ornitoptera alexandrae to największe motyle na świecie. Ich skrzydła są niemal tak duże, jak ta strona!

🐾 Płetwal błękitny jest tak długi, że na jego grzbiecie mogłoby stanąć osiem słoni.

Żyrafa
5,5 metra wysokości

Struś
2,5 metra wysokości

Słoń
3,5 metra wysokości
7 ton wagi

🐾 Żyrafa jest najwyższym zwierzęciem lądowym. Dzięki swej długiej szyi może sięgać niemal na wysokość drugiego piętra.

🐾 Wielki słoń afrykański jest niemal trzy razy wyższy od ciebie. Może ważyć nawet tyle, ile siedem samochodów.

🐾 Struś to najwyższy i najcięższy ptak na Ziemi. Jest równie wysoki jak autobus!

KTÓRE ZWIERZĘ JEST NAJWIĘKSZE?

Największe zwierzę, jakie kiedykolwiek żyło
na Ziemi, to wieloryb zwany płetwalem
błękitnym – jest większy nawet od
największych dinozaurów. Mimo że żyje
w wodzie, jest ssakiem, nie rybą. Może ważyć
nawet tyle, ile 150 samochodów!

Płetwal błękitny
30 metrów długości
150 ton wagi

Rekin wielorybi waży tyle, ile
40 samochodów. To największa
ryba na świecie.

Ludzie od 1,6 do 1,9 metra
wzrostu (średnio)

Rekin wielorybi
15 metrów długości
40 ton wagi

Pyton siatkowy może być tak
długi, jak sześć rowerów
ustawionych w rzędzie! To
najdłuższy wąż na świecie.

Pyton siatkowy 10 metrów długości

JAKA JEST RÓŻNICA MIĘDZY REKINAMI A DELFINAMI?

Choć rekiny i delfiny wyglądają podobnie, należą do dwóch bardzo różnych grup zwierząt. Rekiny to rodzaj ryb, podczas gdy delfiny są członkami gromady ssaków.

🐾 Jeśli zwierzę wdycha powietrze przez płuca, a jego dzieci żywią się mlekiem matki, to jest ono ssakiem. Większość ssaków ma: futro, sierść lub włosy.

🐾 Ty wcale nie przypominasz delfina, ale też jesteś ssakiem!

Płuca

🐾 Jeśli zwierzę ma pióra i wykluwa się z jajka o twardej skorupie, to jest to ptak. Wszystkie ptaki mają skrzydła i większość z nich potrafi latać.

🐾 Jeśli zwierzę ma sześć nóg i ciało złożone z trzech części, jest owadem. Na świecie jest więcej gatunków owadów niż wszystkich pozostałych zwierząt razem wziętych.

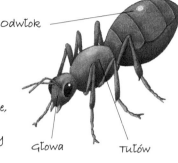

Odwłok

Głowa   Tułów

🐾 Jeśli zwierzę ma wilgotną, oślizgłą skórę i rodzi się w wodzie, ale dużą część życia spędza na lądzie, to jest to płaz. Młode płazy wykluwają się z galaretowatych jajek.

🐾 Jeśli zwierzę ma suchą, pokrytą łuskami skórę i rodzi się na lądzie, jest gadem. Większość gadów składa jaja o szorstkiej, podobnej do skóry skorupce.

Skóra pokryta łuskami

Skrzela

Płetwa

🐾 Jeśli zwierzę żyje w wodzie, oddycha przez skrzela i porusza się za pomocą płetw, jest rybą. Większość ryb składa galaretowate jajeczka, z których wylęgają się ryby.

CZYM SIĘ RÓŻNIĄ ŻABY OD ROPUCH?

Żaby mają zazwyczaj gładką skórę i długie nogi, które służą im do skakania. Większość ropuch ma chropowatą skórę, krótkie i grube ciała, a do tego porusza się, pełzając, a nie skacząc.

Żaba

Ropucha

🐾 Zarówno ropuchy, jak i żaby są płazami.

CZYM SIĘ RÓŻNIĄ ALIGATORY OD KROKODYLI?

Krokodyle mają dłuższe, bardziej spiczaste pyski niż aligatory. Krokodyle mają też dwa bardzo długie zęby, które wystają z boków ich zamkniętej paszczy.

🐾 Aligatory i krokodyle są gadami.

Krokodyl

Aligator

CZYM SIĘ RÓŻNIĄ MAŁPY OD MAŁP CZŁEKOKSZTAŁTNYCH?

Największa różnica między tymi zwierzętami polega na tym, że małpy mają długie ogony, a małpy człekokształtne nie mają ich w ogóle. Na świecie żyje wiele różnych rodzajów małp, lecz jedyne małpy człekokształtne to goryle, orangutany, szympansy i gibony.

Czepiak

Orangutan (małpa człekokształtna)

Małpy i małpy człekokształtne są ssakami.

Stonoga wygląda jak owad, ale nim nie jest – ma za dużo nóg! Ten robak jest spokrewniony z krabami i homarami.

Zarówno króliki, jak i zające są ssakami.

CZYM SIĘ RÓŻNIĄ KRÓLIKI OD ZAJĘCY?

Zające mają dłuższe nogi i uszy niż króliki. Ich wąsy też są dłuższe.

DLACZEGO WE WNĘTRZU CIAŁA ZWIERZĘCIA JEST SZKIELET?

Nie wszystkie zwierzęta mają szkielety, ale większość dużych zwierząt je ma. Im większe jest zwierzę, tym bardziej potrzebuje mocnej, solidnej konstrukcji, która utrzymywałaby jego ciało w całości i unosiła jego ciężar. Szkielet chroni także miękkie części wewnątrz ciała, takie jak mózg czy serce.

🐾 Zwierzęta, które nie mają kręgosłupa, są nazywane bezkręgowcami. Owady, pająki, ślimaki, robaki, meduzy, krewetki i kraby są bezkręgowcami.

Kręgosłup

🐾 Zwierzęta, które mają kręgosłup, są nazywane kręgowcami. Kręgowcami są ryby, płazy, gady, ptaki i ssaki.

Kręgosłup

Szkielety większości zwierząt są zbudowane z kości, ale szkielet rekina jest z chrząstki. Chrząstka nie jest tak twarda jak kość, lecz również jest bardzo wytrzymała. Człowiek ma chrząstkę w dolnej części nosa.

Owady, pająki, skorpiony, pareczniki i krocionogi (dwuparce) mają twarde szkielety zewnętrzne.

Homary, kraby i niektóre chrząszcze mają bardzo mocne i wytrzymałe szkielety zewnętrzne, które chronią je przed atakiem wroga niczym zbroja.

Segment korpusu dwuparca

Kalamarnice są największymi bezkręgowcami na świecie. Największa kalamarnica, jaką kiedykolwiek znaleziono, miała 17 metrów długości od czubka głowy do końca macek – była więc dłuższa niż ośmiu płetwonurków!

KTÓRE ZWIERZĘTA MAJĄ SZKIELET NA ZEWNĄTRZ?

Większość małych zwierząt ma twardą skórę zwaną szkieletem zewnętrznym. Te zewnętrzne szkielety spełniają taką samą funkcję, jak szkielety wewnętrzne. Chronią i podtrzymują miękkie ciała zwierząt.

Aby urosnąć, zwierzę musi zrzucić stary szkielet zewnętrzny i wyhodować sobie nowy.

DLACZEGO WIELBŁĄDY MAJĄ GARBY?

Garb wielbłąda to jego własna, wbudowana w ciało spiżarnia. Żywiąc się tłuszczem, który przechowuje w garbie, wielbłąd może nie jeść nawet przez dwa tygodnie i normalnie funkcjonować. Wielbłądy potrzebują swoich garbów, ponieważ żyją na pustyni, gdzie bardzo trudno znaleźć pożywienie i wodę.

DLACZEGO SŁONIE MAJĄ TRĄBY?

Trąba słonia jest bardzo przydatnym narzędziem. Może służyć do zrywania liści i gałązek, które zjada słoń. Można ją też wykorzystać jak wąż strażacki – słonie oblewają się wodą lub obsypują piaskiem, kiedy chcą się ochłodzić.

🐘 Słonie witają się z przyjaciółmi, podając sobie trąby.

🐘 Trąba słonia przypomina trochę ludzką rękę. Wykorzystując jej czubek, słoń może podnieść z ziemi nawet bardzo małe przedmioty, nie większe od twojego guzika.

Wielbłąd zwany dromaderem ma jeden garb.

Wielbłąd zwany baktrianem ma dwa garby.

Spragniony wielbłąd może wypić dziesięć wiader wody w ciągu dziesięciu minut!

DLACZEGO ŻYRAFY MAJĄ DŁUGIE SZYJE?

Dzięki długiej szyi żyrafy mogą jeść liście nawet z czubków drzew. Inne zwierzęta nie sięgają tak wysoko, więc żyrafy mają dużo pożywienia.

Język żyrafy ma pół metra długości!

KTÓRY PTAK MA OCZY
Z TYŁU GŁOWY?

W rzeczywistości sowa wcale nie ma oczu z tyłu głowy, choć czasami może się tak wydawać! Sowy mają tak giętką szyję, że kiedy chcą spojrzeć do tyłu, po prostu obracają głowę!

🐾 Dzięki ogromnym oczom, sowy doskonale widzą w nocy, a właśnie wtedy większość z nich wyrusza na polowanie.

JAK NIETOPERZE
WIDZĄ W CIEMNOŚCI?

Nietoperze nie tylko potrafią latać bardzo szybko w ciemności, nie uderzając przy tym w żadne przeszkody, ale wyłapują jeszcze w locie owady, którymi się żywią. Nietoperze nie potrzebują do tego ani odrobiny światła, bo odnajdują drogę za pomocą dźwięku.

🐾 Podczas lotu nietoperze wydają dużo bardzo wysokich piskliwych dźwięków. Kiedy dźwięki te uderzą w jakiś przedmiot – jak drzewo czy owad – odbijają się od niego i wracają do nietoperzy.
Te odbite dźwięki zwane są echem. Słuchając echa, nietoperze potrafią określić położenie różnych przedmiotów.

🐾 Rozgwiazdy nie mają głowy, ale mają oczy, które znajdują się na końcach ich ramion.

🐾 Scynk olbrzymi wystawia swój niebieski język, by odstraszyć nieprzyjaciół.

KTÓRE ZWIERZĘTA WĄCHAJĄ ZA POMOCĄ JĘZYKA?

Węże i jaszczurki nie wąchają nosem, tak jak my. Wysuwają i chowają co chwilę swe długie języki. To właśnie ich języki wychwytują zapachy z powietrza i ziemi, dzięki czemu węże i jaszczurki potrafią wytropić zwierzęta, którymi się żywią.

🐾 Słonie afrykańskie mają uszy wielkie jak prześcieradła – największe uszy na świecie. Słonie mają bardzo dobry słuch, lecz uszy służą im także do chłodzenia; mogą się nimi wachlować niczym wielkimi wachlarzami.

DLACZEGO ZEBRY SĄ W PASKI?

Nikt do końca nie wie, dlaczego zebry mają prążkowaną sierść, z pewnością jednak pomaga im to dostrzec się nawzajem i utrzymać w stadzie. Tylko w stadzie zebry mogą czuć się bezpiecznie – zwłaszcza gdy w pobliżu czają się głodne lwy!

🦓 Nie ma dwóch zebr, które miałyby taki sam układ pasków – tak jak nie ma dwóch osób, które miałyby takie same odciski palców!

🦓 Gdybyś patrzył na stado galopujących zebr, przed oczami przesuwałyby ci się czarno-białe pasy! Lwu w takiej sytuacji też niełatwo wybrać zebrę, na którą chciałby zapolować.

DLACZEGO PANTERY MAJĄ CĘTKI?

Cętki pomagają panterze ukryć się wśród drzew i krzewów, a tym samym zaskoczyć przechodzącą obok ofiarę. Jasne i ciemne cętki na futrze pantery wyglądają tak samo, jak plamy światła i cienia pod liściastymi gałęziami.

KTÓRE ZWIERZĘ ZMIENIA BARWĘ?

Kameleony mają zazwyczaj brunatnozieloną skórę, potrafią jednak w ciągu kilku minut całkiem zmienić barwę! Te dziwne zwierzęta zmieniają kolor skóry, by dopasować się do otoczenia, co pomaga im ukryć się przed wrogami. Kameleony zmieniają także kolor, kiedy są rozgniewane lub przestraszone.

🐾 Futro niektórych zwierząt żyjących w zimnych krajach jest brązowe w lecie i białe w zimie. Właśnie dlatego trudno je dostrzec, kiedy ziemię okrywa śnieg.

DLACZEGO FLAMINGI SĄ RÓŻOWE?

Flamingi są różowe, bo jedzą dużo różowych krewetek, które są ich ulubionym pokarmem. Kiedy te długonogie ptaki nie mają pod dostatkiem krewetek, robią się szare.

DLACZEGO PTAKI MAJĄ PIÓRA?

Pióra ogrzewają ptaki. Pomagają im także fruwać, nadając ich skrzydłom i ciałom specjalny smukły kształt. Każdy rodzaj ptaków ma skrzydła o innym kolorze i wzorze. Samce są często bardziej kolorowe niż samice – atrakcyjny wygląd pomaga im zwabić partnerkę!

🐾 Puchate pióra ptaków zatrzymują ciepłe powietrze w pobliżu ich skóry i ogrzewają je tak samo, jak kołdra, która ogrzewa cię w łóżku.

🐾 Kolibry to najmniejsze ptaki na świecie. Koliberek hawański składa jaja w gnieździe wielkości orzecha laskowego.

KTÓRE PTAKI POTRAFIĄ FRUWAĆ DO TYŁU?

Kolibry są „helikopterami" ptasiego świata. Potrafią fruwać do przodu, do tyłu, na boki, w górę i w dół. Potrafią nawet unosić się w powietrzu nad jednym miejscem.

🐦 Ptaki fruwają, wymachując skrzydłami w górę i w dół lub szybując na nieruchomych, szeroko rozłożonych skrzydłach.

DLACZEGO PINGWINY NIE UMIEJĄ FRUWAĆ?

Pingwiny nie mogą fruwać, bo ich skrzydła są za małe, by utrzymać ich ciężkie ciała w powietrzu. Pingwiny są jednak świetnymi pływakami i nurkami. W wodzie wykorzystują swe skrzydła jako wiosła.

🐦 Większość ptaków potrafi złożyć skrzydła blisko przy ciele. Pingwiny jednak nie potrafią tego zrobić. Zawsze trzymają skrzydła sztywno odchylone na boki.

🐦 Strusie są zbyt duże, by fruwać, potrafią jednak biegać dwa razy szybciej niż najszybsi olimpijscy sprinterzy.

KTÓRE ŻABY POTRAFIĄ LATAĆ?

Rzekotki drzewne potrafią wspinać się na drzewa, a niektóre mogą nawet przelatywać z drzewa na drzewo! Te niezwykłe żabki mają wielkie stopy o palcach połączonych błoną. Kiedy rozcapierzą palce, łącząca je błona działa jak spadochron i pozwala rzekotkom szybować w powietrzu.

🐸 Latające ryby w rzeczywistości nie latają. Wyskakują nad powierzchnię morza i rozpościerają swe niezwykle długie płetwy, które pomagają im szybować w powietrzu. Robią to, by uciec przed swymi wrogami.

🐸 Rajski wąż latający może szybować z drzewa na drzewo. Aby się wspinać po drzewie, chwyta korę swoim łuskoskórym brzuchem.

KTÓRE ZWIERZĘTA POTRAFIĄ CHODZIĆ DO GÓRY NOGAMI?

Niektóre gekony, małe jaszczurki, potrafią chodzić do góry nogami! Mają specjalne palce, dzięki którym trzymają się podłoża.

Fałdy na palcach gekona są pokryte maleńkimi włoskami, a każdy z tych włosków jest zakończony maleńką przyssawką.

W odróżnieniu od większości ryb poskoczki mułowe mogą pobierać tlen zarówno z powietrza, jak i z wody. To pozwala im utrzymać się przy życiu także poza wodą.

KTÓRA RYBA POTRAFI WSPINAĆ SIĘ NA DRZEWA?

Chyba ostatnim miejscem, w którym spodziewałbyś się ujrzeć rybę, jest drzewo – ale też poskoczek mułowy jest bardzo dziwną rybą! Wspina się na drzewo za pomocą płetw przypominających łapy, przywierając do powierzchni drzewa brzuchem, który pełni funkcję przyssawki.

JAK WYSOKO MOŻE SKAKAĆ KANGUR?

Pewnie trudno ci w to uwierzyć, ale kangur potrafiłby przeskoczyć nad twoją głową! O ile nam wiadomo, najwyższy skok oddany przez kangura wynosił około 3 metrów – to dwa razy tyle, ile masz wzrostu. Kangury są tak dobrymi skoczkami dzięki silnym tylnym nogom.

🐾 Gdyby brać pod uwagę rozmiary zawodników, to najlepszym skoczkiem wzwyż jest pchła, która potrafi skoczyć sto razy wyżej, niż sama mierzy.

🐾 Oddając ogromne skoki do przodu, duże kangury potrafią poruszać się niemal tak szybko jak konie wyścigowe!

🐾 Gepardy wykorzystują podczas biegu swe ostre pazury, którymi czepiają się gruntu i odpychają od niego. Z tego samego powodu olimpijscy sprinterzy biegają w butach z kolcami.

JAK SZYBKO MOŻE BIEC GEPARD?

Ścigając swą ofiarę, głodny gepard może biec z prędkością ponad stu kilometrów na godzinę. Biegnąc w tym tempie, szybko się jednak męczy i musi się zatrzymać, by zaczerpnąć tchu.

🐾 Podczas skoku kangury utrzymują równowagę za pomocą swego długiego ogona. Gdyby tego nie robiły, prawdopodobnie przewracałyby się do przodu.

KTÓRE ZWIERZĘ MA DODATKOWĄ RĘKĘ?

Niektóre południowoamerykańskie małpy chwytają się gałęzi ogonami, dzięki czemu mają wolne ręce i mogą zrywać nimi owoce i orzechy. W odróżnieniu od większości małp, których ogony są całkowicie pokryte futrem, te małpy mają na końcu ogona gołą skórę – podobnie jak my mamy gołą skórę na dłoniach.

🐾 Leniwce to bardzo dziwne zwierzęta, które żyją w Ameryce Południowej. Zawieszone na gałęziach do góry nogami, powoli poruszają się w koronach drzew. Pokonanie odległości stu metrów może im zająć nawet cały dzień!

ILE MRÓWEK MOŻE ZJEŚĆ MRÓWKOJAD?

W ciągu dobrego dnia mrówkojad wielki zjada aż 30 000 mrówek! Jednym machnięciem swego długiego, lepkiego jęzora może zebrać nawet 500 mrówek. Mrówkojady nie przeżuwają jedzenia, bo nie mają zębów. Połykają mrówki w całości.

Mrówkojady wielkie muszą chodzić na knykciach przednich łap, ponieważ ich pazury są bardzo długie i ostre. Używają ich do rozgrzebywania mrowisk.

Ptaki żywiące się rybami często mają długie i ostre dzioby. Wężówka amerykańska nabija ryby na swój dziób jak na włócznię.

Niedźwiedzie często rozrywają gniazda pszczół, by dostać się do ukrytego w środku miodu. Wygląda na to, że użądlenia pszczół wcale im nie przeszkadzają.

KTÓRE ZWIERZĘ UŻYWA SWEGO PALCA JAK WIDELCA?

Dziwne, podobne do małpy zwierzę
zwane palczakiem albo aj-aj ma na
każdej ręce jeden bardzo długi palec.
Aj-aj grzebie tymi palcami pod korą drzew,
skąd wyciąga pożywienie – larwy i owady. Potem
nadziewa swą zdobycz na palec tak, jak ty nadziewasz jedzenie
na widelec.

Palczaki żyją tylko na Madagaskarze, wyspie
położonej u wschodniego wybrzeża Afryki.

KTÓRE ZWIERZĘ JEST NAJBARDZIEJ ŁAKOME?

Dorosła ryjówka etruska waży
mniej niż kostka cukru.

Maleńka ryjówka etruska ma
największy na świecie apetyt.
Prawie nigdy nie przestaje jeść! Nim
całkiem dorośnie, każdego dnia musi
zjadać trzy razy tyle pożywienia,
ile sama waży.

KTÓRE ZWIERZĘTA STRZELAJĄ DO SWOICH OFIAR?

Jeśli ryba zwana strzelczykiem zauważy owada, strzela do niego – oczywiście nie pociskami czy strzałami, lecz strumieniem wody, który wypluwa z ust. Owad spada do wody, a wtedy ryba go połyka.

🐾 Istnieje pająk, który poluje tak, jakby łapał swe ofiary na lasso – wymachuje nicią zakończoną kleistą kroplą, do której przyklejają się upatrzone przez niego owady.

🐾 Strzelczyk jest doskonałym strzelcem. Trafia do owada siedzącego trzy metry od niego.

🐾 Dźwięk zatrzaskiwanych szczypców pewnej niezwykłej krewetki powoduje, że po wodzie przesuwa się fala uderzeniowa, która ogłusza małe ryby i ułatwia ich schwytanie.

KTÓRE ZWIERZĘTA PIJĄ KREW?

Najbardziej krwiożercze zwierzęta świata to nietoperze wampiry, komary i nicktóre rodzaje pijawek. Nietoperze wampiry zazwyczaj nie piją ludzkiej krwi, ale komary i pijawki nie są już takie wybredne!

Pijawki nabrzmiewają, kiedy się pożywiają. Tylko niektóre pijawki piją krew.

KTÓRE PTAKI UŻYWAJĄ PRZYNĘTY NA RYBY?

Czapla zielona używa owadów i piórek jako przynęty na ryby. Wrzuca przynętę do wody i czeka, aż zauważą ją ryby. Ryba myśli, że to jakaś smakowita przekąska, a potem sama staje się posiłkiem czapli!

DLACZEGO OPOSY UDAJĄ, ŻE SĄ MARTWE?

Zaatakowany opos próbuje czasami oszukać swego wroga, udając, że jest martwy i licząc na to, że napastnik zostawi go w spokoju. Częściej jednak próbuje uciekać lub wspiąć się na drzewo, co z pewnością jest bezpieczniejszym sposobem ratunku!

Zaskrońce także próbują przechytrzyć swych wrogów, udając, że są martwe.

KTÓRE ZWIERZĘ NAJBARDZIEJ ŚMIERDZI?

Skunks to bardzo śmierdzące stworzenie. Jeśli nieprzyjaciel popełni błąd i zbliży się za bardzo do skunksa, ten opryska go cuchnącą oleistą cieczą. Straszliwy smród może utrzymywać się nawet przez kilka dni!

KTÓRE ZWIERZĘ JEST NAJBARDZIEJ KOLCZASTE?

Jeżozwierz jest bardziej kolczasty
niż największa nawet poduszka
do szpilek. Jego grzbiet jest pokryty
setkami długich, ostrych,
ale elastycznych kolców, będących
przekształconymi włosami.

🐾 Zaatakowany jeżozwierz
podnosi kolce, rozkłada je
i grzechocze nimi ostrzegawczo.
Potem rusza tyłem na swojego
wroga.

🐾 Niektóre kraby mają swoich
własnych ochroniarzy. Noszą
w kleszczach morskie zawilce,
a gdy jakiś wróg próbuje się do
nich zbliżyć, parzą go czułkami
zawilców.

🐾 Ryba zwana najeżką zwija się
w kolczastą kulę, gdy ktoś próbuje ją
zaatakować.

CZY ZWIERZĘTA ZABIJAJĄ LUDZI?

Niektóre zwierzęta mogą być bardzo niebezpieczne, kiedy polują lub kiedy się czegoś przestraszą, jednak bardzo niewiele zwierząt atakuje ludzi bez powodu.

🐾 Tygrysy polują zazwyczaj na duże zwierzęta, takie jak jelenie. Jeśli jednak tygrys jest zbyt chory, by polować, może zaatakować człowieka.

🐾 Drzewołazy karłowate, maleńkie żabki z Ameryki Południowej, wydzielają ze swej jasno ubarwionej skóry śmiercionośną truciznę.

CZY WSZYSTKIE WĘŻE SĄ JADOWITE?

Nie wszystkie węże są jadowite – tylko kilka ma jad dość trujący, by mógł zabić człowieka. Najgroźniejsze węże to pęz dwubarwny, kobra, żmija i grzechotnik.

🐫 Niektóre spośród największych węży nie są jadowite. To dusiciele – owijają się wokół swoich ofiar i duszą je.

CZY WSZYSTKIE REKINY SĄ NIEBEZPIECZNE?

Wiele rekinów jest mięsożernych, ale tylko nieliczne atakują ludzi.
Choć miliony ludzi pływają w wodach, w których żerują rekiny, rocznie zdarza się mniej niż tysiąc ataków rekinów na ludzi.

Wielki żarłacz ludojad czasami atakuje pływaków.

Niektóre spośród zębów wielkiego żarłacza ludojada są dłuższe niż twoje palce!

Kobry mają zęby jadowe.

Skóra rekina jest tak szorstka, że używana była niegdyś jako papier ścierny.

Całe uzębienie rekina może odrosnąć w ciągu dwóch tygodni.

JAK NAZYWAJĄ SIĘ CZĘŚCI CIAŁA KONIA?

Ciało konia składa się z różnych części, takich jak pysk czy ogon. Ogólny kształt i budowa ciała konia są nazywane pokrojem.

Grzywka
Kark
Grzywa
Grzebień szyjny
Kłąb
Pysk
Policzek
Chrapy
Szyja
Pierś
Łopatka
Łokieć
Podramię
Nadgarstek
Nadpęcie
Kopyto
Piętka

🐴 „Hippos" to po grecku koń, a nasze słowo „hipopotam" to połączenie dwóch greckich słów oznaczających „konia wodnego".

🐴 Samica konia jest nazywana klaczą, a samiec ogierem.

🐴 Smyczki do instrumentów muzycznych, takich jak wiolonczela, często są wyrabiane z włosów z końskiego ogona.

CZY KONIE MAJĄ DŁONIE?

Owszem, choć nie takie, o jakich myślisz! Dłoń to anglosaska miara wysokości, za pomocą której mierzymy wysokość konia od ziemi do kłębu – jedna dłoń to około dziesięciu centymetrów.

🐎 Kucyk to mały koń, który mierzy 14,2 dłoni lub mniej.

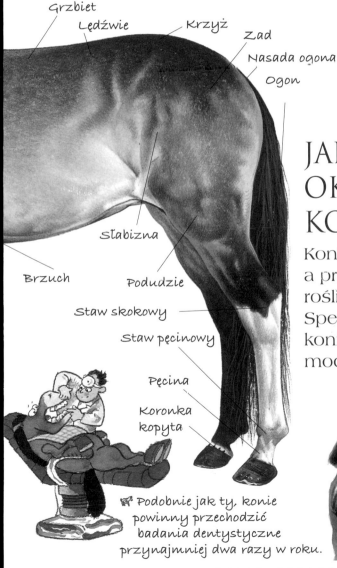

Grzbiet
Lędźwie
Krzyż
Zad
Nasada ogona
Ogon
Słabizna
Brzuch
Podudzie
Staw skokowy
Staw pęcinowy
Pęcina
Koronka kopyta

🐎 Podobnie jak ty, konie powinny przechodzić badania dentystyczne przynajmniej dwa razy w roku.

JAK MOŻNA OKREŚLIĆ WIEK KONIA?

Konie jedzą głównie trawę, a przeżuwanie takiej twardej rośliny mocno niszczy zęby. Specjaliści potrafią określić wiek konia na podstawie tego, jak mocno starte są jego zęby.

PO CZYM POZNAĆ, ŻE KOŃ JEST ZADOWOLONY?

Choć koń nie potrafi mówić jak człowiek, można odgadnąć, w jakim jest nastroju, dzięki językowi jego ciała. Zadowolony koń na przykład trzyma wysoko głowę i ogon.

🐎 Zebry należą do tej samej rodziny zwierząt, co konie i osły.

Czujny

Rozzłoszczony

Przestraszony

🐎 Nawet dobrze ułożone zwierzę może mieć gorsze dni, trzymaj się więc z dala od tylnych nóg konia, bo możesz dostać potężnego kopniaka.

Zadowolony

CZY KONIE LUBIĄ TOWARZYSTWO?

Oczywiście, że tak. Konie uwielbiają życie w stadzie. Stado koni nazywamy tabunem.

🐎 Konie mogą spać na stojąco. Jeśli są w stadzie, zazwyczaj jeden koń pozostaje czujny i trzyma straż, gdy pozostałe śpią.

JAK NAZYWA SIĘ DZIECKO KONIA?

Dziecko klaczy i ogiera nazywamy źrebięciem. Zazwyczaj klacz rodzi tylko jedno źrebię, a przed urodzeniem nosi je w brzuchu przez 11 miesięcy.

🐎 Konie czasami łączą się z osłami – muł jest potomkiem ogiera osła i klaczy konia, a osłomuł – ogiera konia i oślicy. Niestety, muły i osłomuły nie mogą mieć dzieci.

CZYM JEST RZĄD JEŹDZIECKI?

Rząd jeździecki to sprzęt, który ludzie zakładają na konia, by łatwiej było im na nim jeździć. Główne elementy rzędu to uzda i siodło.

Naczółek

Nagłówek

Paski policzkowe

Nachrapnik

Kiełzno

Podgardle

Wodze

🐎 Siodła wynaleziono 2500 lat temu. Wcześniej ludzie siedzieli na derce lub jeździli na oklep.

JAK SIODŁA POMAGAJĄ KONIOM?

Siodło to nie tylko wygodne siedzisko dla jeźdźca, służy ono także koniowi – dzięki specjalnej budowie układa ciężar ciała jeźdźca w pozycji najwygodniejszej dla konia.

Siedzisko

Strzemię

Popręg

Łęk przedni

Łęk tylny

🐎 Popręg to pas przeciągnięty pod brzuchem konia, który utrzymuje siodło na jego grzbiecie. Klamry popręgu są schowane pod tybinką siodła.

Tybinka

🐎 Istnieje wiele różnych rodzajów siodeł, między innymi siodła do jazdy w stylu western, używane przez kowbojów. Siodła takie mają bardzo wysoki łęk zwany rogiem, na którym kowboj wiąże lasso.

🐎 Kowboje chronią nogi skórzanymi fartuchami, zakładanymi na spodnie, które nazywają się czapsami.

DLACZEGO TOCZEK JEST TWARDY?

Róg

Toczek, twarde nakrycie głowy jeźdźca, jest jak kask motocyklisty – chroni głowę jeźdźca, jeśli ten spadnie z konia i uderzy o ziemię.

🐎 Jazda konna nie była łatwa dla kobiet w czasach, gdy nosiły one długie spódnice, a tylko mężczyźni mogli nosić spodnie. Kobiety jeździły konno, siedząc na koniu bokiem, trzymając nogi na dużych skórzanych hakach umieszczonych po jednej stronie siodła.

Z KTÓREJ STRONY DOSIADA SIĘ KONIA?

Większość jeźdźców dosiada konia z lewej strony – oznacza to, że koń jest po twojej lewej ręce, kiedy stoisz zwrócony twarzą do jego ogona. Wkładasz lewą stopę w strzemię, odbijasz się prawą stopą od ziemi i przekładasz prawą nogę nad grzbietem konia.

🐎 Siedź w siodle wyprostowany, trzymając nogi przy bokach konia. Trzymaj wodze w obu rękach.

🐎 Konie chodzą stępem z podobną prędkością jak ludzie, to znaczy około 6 kilometrów na godzinę.

JAK SZYBKO PORUSZAJĄ SIĘ KONIE?

Ludzie poruszają się tylko na dwa sposoby – idą lub biegną. Konie jednak mogą poruszać się aż na cztery sposoby – mogą iść stępem, kłusować, galopować i cwałować. Najszybszy jest cwał, podczas którego konie poruszają się z prędkością ponad 30 kilometrów na godzinę.

JAK ZSIADA SIĘ
Z KONIA?

Skoro już potrafisz dosiąść konia, musisz też wiedzieć, jak z niego zsiąść! Wyjmij obie stopy ze strzemion, pochyl się do przodu, przełóż prawą nogę nad grzbietem konia i zeskocz spokojnie na ziemię.

🐎 Zwyczaj dosiadania konia z lewej strony pochodzi prawdopodobnie z czasów, kiedy mężczyźni nosili miecze przypięte do lewego boku.

🐎 Koń kłusuje z prędkością około 14 kilometrów na godzinę.

🐎 Galopujący koń może osiągnąć prędkość 18 kilometrów na godzinę.

🐎 Podczas cwału koń może przekroczyć prędkość 30 kilometrów na godzinę.

JAK WYSOKO MOGĄ SKAKAĆ KONIE?

Najwyższe przeszkody ustawiane podczas zawodów jeździeckich mogą mieć ponad dwa metry wysokości – więcej niż sam koń! Celem każdego uczestnika takich zawodów jest pokonanie całej trasy bez strącenia choćby jednej przeszkody.

🐎 Mury na torze przeszkód są ułożone z drewnianych pudełek, więc koń nie zrobi sobie krzywdy, jeśli w nie uderzy.

KIEDY KONIE BIORĄ UDZIAŁ W ZABAWIE?

Zarówno pojedynczy jeźdźcy, jak i zespoły mogą brać udział w zawodach zwanych gimkana. Niektóre konkurencje rozgrywane podczas gimkany przypominają raczej szkolny dzień sportu niż prawdziwe zawody sportowe!

🐎 Zwycięzcy oraz zdobywcy drugiego miejsca otrzymują kolorowe flos.

CZYM JEST UJEŻDŻENIE?

Ujeżdżenie to ciąg figur i ruchów, które mają pokazać, jak koń i jeździec współpracują ze sobą. Te figury to, między innymi, jazda po kole, po ósemce i po linii falistej, zwanej serpentyną.

🐎 Najtrudniejszym wyzwaniem dla konia i dla jeźdźca jest Wszechstronny Konkurs Konia Wierzchowego, zwany w skrócie WKKW. Konkurs ten składa się z ujeżdżenia, skoków przez przeszkody i krosu – biegu terenowego z przeszkodami.

🐎 Jednym z najtrudniejszych elementów ujeżdżenia jest piruet, w którym koń obraca się wokół własnej osi, nie robiąc kroku ani do przodu, ani do tyłu.

DLACZEGO KONIE WYMAGAJĄ PIELĘGNACJI?

Pielęgnacja konia pozwala
utrzymać jego sierść, skórę
i kopyta w czystości i zdrowiu.
Większość koni uwielbia, kiedy ktoś je czyści,
więc może to być doskonały sposób
na zaprzyjaźnienie się z koniem. Uważajcie jednak
– niektóre konie mają łaskotki!

🐴 W zimie konie porastają gęstszą
i dłuższą sierścią, która chroni je
przed chłodem. Czasami strzyże
się nieco tę sierść, by koń nie
pocił się zbytnio
podczas jazdy.

PROSZĘ
I YLKO
TROSZKĘ
PODCIĄĆ

🐴 Konie uwielbiają owoce
i warzywa, szczególnie
jabłka i marchewki.

JAK CZĘSTO KONIE MUSZĄ JEŚĆ?

Konie jedzą mało, ale często, bo ich
żołądki są małe w stosunku do wielkości
ich ciała. Jedzą głównie trawę lub siano,
czyli wysuszoną trawę.

DLACZEGO KONIE NOSZĄ PODKOWY?

Podkowy chronią kopyta koni przed ścieraniem na twardych powierzchniach, takich jak drogi. Podkowy są zrobione ze stali, a człowiek, który zakłada je koniom na kopyta, to kowal.

🐎 Podkowy już od stuleci są uważane za amulet przynoszący szczęście. Nawet dziś państwo młodzi często w dniu swego ślubu noszą maleńkie srebrne podkowy.

🐎 Róg kopytowy jest zbudowany z keratyny, tak jak ludzkie paznokcie. Podobnie jak paznokcie, kopyta cały czas rosną, więc kowal odwiedza stajnie regularnie co kilka tygodni, by przyciąć kopyta i w razie potrzeby wymienić zużyte podkowy.

ILE JEST RAS KONI?

Istnieje ponad 200 ras koni i kucyków. Konie należące do danej rasy mają podobne cechy, takie jak maść i wzrost, i przekazują je swojemu potomstwu.

🐴 Białe plamy na nogach konia są nazywane skarpetkami, w języku fachowym – odmianami.

🐴 Połączenia różnych kolorów skóry, sierści, grzywy i ogona, czyli maści, mają swoje specjalne nazwy.

1. Kasztan
2. Tarantowaty
3. Siwy w hreczce
4. Izabelowaty
5. Kary
6. Siwy jabłkowity
7. Karosrokaty
8. Gniady
9. Bułany
10. Ciemno-kasztanowaty
11. Jasno-kasztanowaty

KTÓRE KONIE SĄ NAJMNIEJSZE?

Oczywiście kucyki, a najmniejsze koniki świata są zwane falabella. Osiągają one zaledwie 75 centymetrów wzrostu.

🐴 Koniki falabella są za małe, żeby na nich jeździć. Kucyki szetlandzkie są trochę wyższe i są ulubieńcami małych jeźdźców.

KTÓRE KONIE SĄ NAJWIĘKSZE?

Olbrzymy w świecie koni to rasy koni ciężkich. Największe wśród nich to konie rasy shire. Konie takie mogą mieć ponad 180 cm wysokości i ważyć aż tonę.

🐎 Największym koniem, jakiego zmierzono do tej pory na świecie, był shire urodzony w roku 1846. W wieku sześciu lat mierzył 216 cm.

🐎 Włosy wokół kopyt shire są nazywane szczotkami pęcinowymi.

5

9

8

6

10

11

CZY KONIE ŻYŁY W CZASACH DINOZAURÓW?

Nie, pierwsze konie pojawiły się na Ziemi około 50 milionów lat temu, czyli 15 milionów lat po wymarciu dinozaurów. Ów pierwszy koń nazywał się *Hyracotherium* i był maleńki – nie większy od współczesnego lisa.

Hyracotherium

Mesohippus

Merychippus

Equus

🐎 Equus, czyli koń, jakiego znamy dzisiaj, pojawił się na Ziemi około 2 milionów lat temu.

🐎 Malowidła jaskiniowe, które powstały ponad 10 000 lat temu, pokazują, że na długo przed oswojeniem pierwszych koni ludzie prehistoryczni polowali na nie tak, jak na inne dzikie zwierzęta i jedli ich mięso.

KIEDY LUDZIE PO RAZ PIERWSZY OSWOILI KONIE?

Pierwszym krokiem na drodze do oswojenia dzikich koni była hodowla ich stad dla mięsa – to miejsce około 6000 lat temu. Musiało minąć jeszcze kilkaset lat, nim ludzie nauczyli się ujeżdżać konie.

🐎 Hyracotherium musiał unikać ptaka nielota diatryma – był on dziesięć razy większy od maleńkiego konika i miał wielki apetyt!

CZY NA ŚWIECIE ŻYJĄ JESZCZE DZIKIE KONIE?

Do naszych czasów przetrwała tylko jedna rasa koni, które pochodzą w prostej linii od dzikich koni z czasów prehistorycznych. Nazywane są końmi Przewalskiego, od nazwiska rosyjskiego badacza, który odkrył je w Mongolii w latach osiemdziesiątych XIX wieku.

🐎 Konie Przewalskiego żyjące na wolności wymarły w latach sześćdziesiątych XX wieku. Na szczęście jednak hodowano je nadal w zoo, a teraz ponownie wypuszcza się je na wolność w Mongolii.

🐎 Zdziczałe konie to potomstwo oswojonych koni, które uciekły spod opieki ludzi. Do ras zdziczałych koni należą mustangi żyjące w USA, konie brumby żyjące w Australii i francuskie kucyki Camargue.

KIEDY KONIE ŚCIGAŁY LWY?

W czasach starożytnego Egiptu,
około 3000 lat temu,
na egipskich pustyniach żyły lwy.
Bogaci arystokraci
uwielbiali polować na te groźne zwierzęta i ścigali je po pustyni
w rydwanach ciągniętych przez konie.

📕 Bucefał był podobno tak dziki, że nikt
nie mógł go dosiąść – dopiero dwunastoletni
Aleksander wskoczył na jego grzbiet
i ujarzmił go.

DLACZEGO BUCEFAŁ BYŁ SŁAWNY?

Kary ogier Bucefał był wierzchowcem
Aleksandra Wielkiego, władcy Macedoni
i jednego z największych
wodzów wszech czasów. Kied
Bucefał umarł w 327 r. p.n.e.,
Aleksander zbudował miasto
i nazwał je na jego cześć
Bukefala.

NA JAKICH KONIACH JEŹDZILI RYCERZE?

Podczas średniowiecznych bitew rycerze dosiadali zwinnych, szybkich koni, które wielkością przypominały dzisiejsze konie biorące udział w zawodach jeździeckich. Na cięższych i większych koniach rycerze jeździli podczas turniejów rycerskich.

KTÓRY KOŃ MIAŁ SKRZYDŁA?

Starożytni Grecy opowiadali cudowne historie o wyczynach mitycznego skrzydlatego konia zwanego Pegazem i jego jeźdźca Bellerofonta. Ich najsłynniejszym wyczynem było zabicie Chimery – trzygłowego, dyszącego ogniem potwora o tułowiu lwa, głowie kozy i z wężem zamiast ogona.

CZYJ KOŃ MIAŁ OSIEM NÓG?

Wikingowie nazywali króla swych bogów Odynem. Wierzyli, że Odyn jeździł na ośmionogim koniu o imieniu Sleipnir, który mógł galopować po lądzie, morzu i niebie.

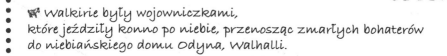

Walkirie były wojowniczkami, które jeździły konno po niebie, przenosząc zmarłych bohaterów do niebiańskiego domu Odyna, Walhalli.

CZYM BYŁ CENTAUR?

Starożytni Grecy wierzyli w przeróżne dziwne stworzenia – na przykład centaury, które były w połowie końmi, a w połowie ludźmi! Większość centaurów była dzika i niebezpieczna. Chiron jednak był starym i mądrym centaurem, który ponoć uczył legendarnych greckich bohaterów, takich jak Jazon.

JAK ŁAPIE SIĘ JEDNOROŻCA?

W średniowieczu ludzie uwielbiali opowieści o jednorożcach – magicznych koniach z długim, ostrym rogiem na czole. Ludzie wierzyli, że można je złapać, wysyłając do lasu samotną dziewicę. Spotkawszy dziewicę, jednorożec kładł głowę na jej kolanach i zasypiał.

JAK PRACOWAŁY KONIE?

Konie wykonywały niemal wszystkie ciężkie prace, nim w XIX wieku wynaleziono pociągi i samochody. Ciągnęły wozy z towarami i karety z ludźmi. Ciągnęły nawet łodzie pływające po kanałach.

KIEDY ZACZĘŁY KURSOWAĆ DYLIŻANSE?

Dyliżanse zaczęły wozić ludzi między większymi miastami w XVII wieku. Mógł z nich korzystać każdy, kto miał pieniądze na przejazd, tak jak dzisiaj każdy, kto kupi bilet, może korzystać z pociągów i autobusów.

🐎 Pasażerowie drżeli na myśl o napadzie rozbójników. Najsłynniejszym rozbójnikiem był Dick Turpin, powieszony za swe przestępstwa w 1739 roku.

Kuce szetlandzkie
pracowały pod ziemią, w tunelach kopalni, ciągnąc wózki wypełnione węglem i rudą żelaza.

DLACZEGO PONY EXPRESS JEST SŁAWNY?

Choć działała tylko przez dwa lata, od 1860 do 1861 roku, amerykańska firma Pony Express słynęła na całym świecie z błyskawicznego doręczania przesyłek pocztowych. Jej jeźdźcy przewozili listy i paczki dwa razy szybciej niż najszybszy dyliżans.

Wielu jeźdźców Pony Express było drobnymi nastolatkami, bo im mniejszy ciężar musiał nieść koń, tym szybciej mógł galopować.

JAK PRACUJĄ KONIE DZISIAJ?

Kiedy siedzisz na koniu, jesteś znacznie wyższy od reszty tłumu, możesz też poruszać się szybciej niż na piechotę.

To dwa wystarczające powody, dla których na całym świecie istnieją oddziały policji konnej!

🐎 Niektóre konie pracują dla przyjemności ludzi – na przykład kucyki obwożące dzieci albo konie ciągnące powozy.

🐎 Najsłynniejsi policjanci na koniach to członkowie Kanadyjskiej Policji Konnej. Jednak w dzisiejszych czasach kanadyjscy policjanci dosiadają koni tylko podczas specjalnych uroczystości.

🐎 Kobiety także pracują przy wypasie bydła, tak jak kowboje. W Australii dziewczyna szkoląca się na pasterza jest nazywana jillaroo, a chłopiec jackeroo.

🐎 Kowboj to amerykańska nazwa. Ludzie pasący bydło na koniach we Francji są nazywani guardianami, w Ameryce Południowej gauchos, w Australii stockmen, a w Meksyku vaqueros.

NA JAKICH KONIACH JEŻDŻĄ KOWBOJE?

Różne rasy koni są używane w różnych krajach na całym świecie. Do najlepszych koni roboczych należą kuce Camargue z Francji, australijskie Stock Horses, Criollo z Argentyny i Quarter Horse oraz mustangi z USA i Meksyku.

KTÓRE KONIE SĄ NAJSZYBSZE?

Konie wyścigowe to królowie prędkości. Koń galopujący po torze wyścigowym, z dżokejem na grzbiecie, może osiągać prędkość 60 kilometrów na godzinę.

🐴 Gonitwa z przeszkodami została wymyślona w połowie XVIII wieku w Irlandii, kiedy dwaj jeźdźcy postanowili wypróbować swe konie i ruszyli do wyścigu przez ogrodzone pola.

CZYM JEST GONITWA Z PRZESZKODAMI?

Podczas gonitwy z przeszkodami konie na torze muszą przeskakiwać wysokie ogrodzenia, rowy z wodą i inne przeszkody. Gonitwa bez przeszkód jest nazywana gonitwą płaską.

KTO JEŹDZI W SULKACH?

📝 Nieważne, kiedy naprawdę przyszły na świat – wszystkie konie wyścigowe w Anglii oficjalnie obchodzą urodziny 1 stycznia.

Jeżdżą w nich powożący podczas zawodów zwanych wyścigiem kłusaków. Sulki to współczesny minirydwan, połączony z koniem za pomocą specjalnej uprzęży. Powożący siedzi na siedzisku umiejscowionym tuż nad kołami sulek i kieruje koniem za pomocą bardzo długich lejców.

CZY KONIE POTRAFIĄ TAŃCZYĆ?

Konie rasy lipickiej to prawdziwi tancerze, a ich wyczyny można oglądać w Hiszpańskiej Szkole Jazdy Konnej w Wiedniu. Piękne białe konie z tej szkoły słyną na całym świecie z wdzięku, z jakim wykonują trudne figury podczas ujeżdżenia.

🐎 Ogier lipicki wykonuje figurę zwaną lewadą. W figurze tej koń balansuje na tylnych nogach, a przednie podnosi wysoko do góry.

🐎 Roy Rogers i jego koń Trigger występowali w wielu westernach w latach czterdziestych i pięćdziesiątych XX wieku.

KTÓRE KONIE BYŁY GWIAZDAMI FILMOWYMI?

Konie grały w setkach filmów. Czym byłyby bez nich na przykład westerny? W wielu filmach konie były także głównymi bohaterami, wystarczy choćby wspomnieć takie tytuły jak „Czarny książę", „Niepokonany Seabiscuit", „Mustang z Dzikiej Doliny" czy serial „Karino".

🐄 Inna konkurencja rodeo to chwytanie wołu – kowboj galopuje za wołem na koniu i próbuje złapać go na lasso.

KTO JEŹDZI NA DZIKIM KONIU?

Robią to kowboje podczas zawodów zwanych rodeo. Każdy z nich próbuje utrzymać się przez pewien czas na grzbiecie dzikiego konia, w siodle lub na oklep.

CZYM JEST CZAKER?

Czaker to część meczu polo trwająca 7,5 minuty. Polo to jeden z najszybszych i najbardziej niebezpiecznych sportów na świecie, a przy tym doskonała okazja do obejrzenia koni i jeźdźców w akcji.

INDEKS